आध्यात्म

हर पल का साथी

दीपक कुमार

BlueRose ONE.com
Stories Matter
NewDelhi • London

BLUEROSE PUBLISHERS
India | U.K.

Copyright © Deepak Kumar 2025

All rights reserved by author. No part of this publication may be reproduced, stored in a retrieval system or transmitted in any form or by any means, electronic, mechanical, photocopying, recording or otherwise, without the prior permission of the author. Although every precaution has been taken to verify the accuracy of the information contained herein, the publisher assume no responsibility for any errors or omissions. No liability is assumed for damages that may result from the use of information contained within.

BlueRose Publishers takes no responsibility for any damages, losses, or liabilities that may arise from the use or misuse of the information, products, or services provided in this publication.

For permissions requests or inquiries regarding this publication, please contact:

BLUEROSE PUBLISHERS
www.BlueRoseONE.com
info@bluerosepublishers.com
+91 8882 898 898
+4407342408967

ISBN: 978-93-7018-438-1

Cover design: Daksh
Typesetting: Tanya Raj Upadhyay

First Edition: May 2025

समर्पण

मेरे पूजनीय माता-पिता एवं गुरूजी,

जिनके आशीर्वाद और प्रेम ने मुझे जीवन का हर पाठ सिखाया;

मेरी प्रिय पत्नी रेणु,

जिसका अटूट साथ और प्रेरणा मेरी शक्ति बना;

मेरी प्यारी बेटियाँ एलिना और शिवांगी,

जिनकी मुस्कान और सपनों ने मेरे जीवन को अर्थ दिया;

तथा

मेरे प्रिय मित्र मधुसूदन भदौरिया,

जिनके विचारों और मित्रता ने मुझे सदा प्रेरित किया।

इस पुस्तक को मैं आप सभी के प्रति कृतज्ञता और समर्पण के साथ अर्पित करता हूँ।

प्रस्तावना

कभी-कभी, सुबह की पहली चाय का घूंट लेते वक्त या रात को तारों भरे आसमान को देखते हुए, क्या आपको ऐसा नहीं लगता कि ज़िंदगी कुछ कहना चाहती है? कुछ ऐसा, जो शोर, भागदौड़, और रोज़ के कामों से परे है। हम सब इस भागती-दौड़ती दुनिया में उलझे हुए हैं—ऑफिस की डेडलाइन, घर की ज़िम्मेदारियाँ, और न जाने कितने सपनों का पीछा। लेकिन इन सबके बीच, एक सवाल मन में उठता है: "क्या बस इतना ही है?"

मैंने भी यही सवाल खुद से पूछा था। और जवाब ढूंढते-ढूंढते मुझे समझ आया कि आध्यात्मिकता कोई मंदिर मे जाकर पूजा करना तक सिमित नहीं हैं। आध्यात्मिकता तो वो है, जो हमारे रोज़ के पलों में छुपी है। वो सांस जो हम लेते हैं, वो हंसी जो बच्चों के साथ खेलते वक्त गूंजती है, वो शांति जो बारिश की बूंदों को सुनते वक्त मिलती है।

1...............

ये किताब आपके लिए है - आप जो सुबह उठते हैं, दिनभर मेहनत करते हैं, और फिर रात को थककर सो जाते हैं। ये किताब आपको बताएगी कि कैसे आध्यात्मिकता आपकी दिनचर्या में बस सकती है। आपको कोई बड़ा त्याग नहीं करना पड़ेगा और न ही दुनिया से दूर भागना होगा। बस, अपनी ज़िंदगी को थोड़ा ठहरकर देखना होगा, थोड़ा महसूस करना होगा, थोड़ा जीवन को जीना होगा।

मैं कोई संत नहीं हूँ, न ही कोई गुरु। मैं वह व्यक्ति हूँ जो अपने छोटे छोटे अनुभवों को आपके साथ बांटना चाहता हैं। तो चलिए हम सब मिलकर ऐसे युग की शुरुआत करे - जहाँ हर कदम पर शांति है, हर पल मे उमंग, हर पल में अर्थ है और हर पल मे जीवंत्ता हो ।

आध्यात्मिकता क्या है?

आध्यात्मिकता कोई जटिल जीवनशैली नहीं है, न ही यह कोई ऐसी चीज़ है जो सिर्फ किताबों या मंदिरों में मिलती है। मेरे लिए, आध्यात्मिकता उस पल की जागरूकता है जब आप सुबह की ठंडी हवा को अपने चेहरे पर महसूस करते हैं। यह उस गहरी सांस में छुपी है जो आप तब लेते हैं जब दिनभर की थकान के बाद घर लौटते हैं। यह उस मुस्कान में है जो आप अपने बच्चे या दोस्त को देखकर दे देते हैं।

आध्यात्मिकता का मतलब है - अपने आप से और अपने आसपास की दुनिया से एक गहरा जुड़ाव होना । यह वो एहसास है जो बताता है कि आप इस बड़े ब्रह्मांड का हिस्सा हैं, चाहे आप इसे ईश्वर कहें, प्रकृति कहें, या बस ज़िंदगी का रहस्य। यह कोई नियमों का बोझ नहीं है, बल्कि एक आज़ादी है - खुद को समझने की, सुख और शांति पाने की।

कई बार हम सोचते हैं कि आध्यात्मिक होने के लिए बड़े-बड़े काम करने पड़ते हैं - लंबा ध्यान, तीर्थयात्रा, या दुनिया से दूर जंगल मे चले जाना। लेकिन सच तो ये है कि आध्यात्मिकता आपके रोज़ के छोटे-छोटे पलों में बसती है। जब आप अपने काम में पूरी तन्मयता से जुटते हैं, जब आप किसी की मदद बिना कुछ मांगे करते हैं, या जब आप रात को सोने से पहले एक पल रुककर कहते हैं, "आज का दिन अच्छा था" - ये सब आध्यात्मिकता के रंग हैं।

आध्यात्मिकता क्या है? यह आपके भीतर की वो शांति है जो आपको याद दिलाती है कि आप सिर्फ शरीर या दिमाग नहीं, बल्कि कुछ और भी हैं - कुछ बड़ा, कुछ अनमोल, कुछ ऐसा जो जीवन को पूर्णता देता है और आपको आनंद से भर देता है। एक ऐसा आनंद जो सभी भौतिक सुखो से अद्भुत है और पूर्णता का एहसास कराता है।

आज के व्यस्त जीवन में आध्यात्मिकता की ज़रूरत क्यों है?

आज की भागदौड़ भरी दुनिया में एक पल रुकना भी मुश्किल लगता है। सुबह आँख खुलते ही फोन की स्क्रीन पर नज़र जाती है - मैसेज, ईमेल, न्यूज़। फिर तैयार होकर काम पर भागना, ट्रैफिक में फंसना, डेडलाइन पूरी करना, और घर लौटते ही फिर से अगले दिन की तैयारी। इस भागदौड़ में हम इतने उलझ जाते हैं कि स्वयं के लिए, मन की शांति के लिए भी वक्त ही नहीं बचता। क्या आपको कभी ऐसा नहीं लगा कि आप बस एक मशीन की तरह चलते जा रहे हैं, बिना ये सोचे कि ये सब क्यों?

यहीं आध्यात्मिकता की ज़रूरत पैदा होती है। जब हमारा दिमाग तनाव से भरा हो, जब हर तरफ से दबाव बढ़ता जाए, तो आध्यात्मिकता हमें एक ठहराव देती है। वो पाँच मिनट, जब आप बस सांस पर ध्यान देते हैं, या वो एक पल जब आप सूरज को उगते और ढलते देखते हैं - ये छोटी चीज़ें आपको याद दिलाती हैं कि ज़िंदगी सिर्फ काम और परेशानियों का नाम नहीं है।

आज के व्यस्त जीवन में आध्यात्मिकता इसलिए ज़रूरी है क्योंकि ये हमें इंसान बने रहने की ताकत देती है। ये हमें सिखाती है कि हर परिस्थिति में शांति से जिया जा सकता है - चाहे ऑफिस में बॉस की डांट पड़ रही हो, या घर पर परिवार की जिम्मेदारियां हो। यह हमें वो हिम्मत देती है कि हम हार न मानें, और वो नज़रिया देती है कि हम हर मुश्किल को एक सबक की तरह देख सकें।

आज की दुनिया में आध्यात्मिकता एक विलासिता या बोझ नहीं, बल्कि ज़रूरत है। बिना इसके, हम खो सकते हैं - अपने आप को, अपनी खुशी को, ये समझने की ताकत को कि हम यहाँ क्यों हैं, हमारे जीवन का उद्देश्य क्या है।

अनुक्रमणिका

अध्याय 1: आध्यात्मिकता का आधार 1

अध्याय 2: समय और तनाव से परे 8

"अध्याय 3: रिश्तों में आध्यात्मिकता" 26

अध्याय 4: प्रकृति के साथ जुड़ाव 106

अध्याय 5 ध्यान और योग में प्रकृति की भूमिका 110

अध्याय 6: अपने भीतर की यात्रा 119

अध्याय 1:
आध्यात्मिकता का आधार

रोज़मर्रा की छोटी चीज़ों में आध्यात्मिकता ढूंढना एक बेहद सुंदर और उच्च विचार है। यह हमें सिखाता है कि आध्यात्मिकता असंभव नहीं है, बल्कि हमारे दैनिक जीवन के क्षणों में बसती है।

जैसे, सुबह की चाय पीते वक्त शांति महसूस करना - यह सिर्फ एक आदत नहीं, बल्कि एक संवेदना है जो आपको वर्तमान में लाती है। उस गर्माहट को हाथों में महसूस करना, चाय की खुशबू, और उस पल की सादगी - ये सब आपको अपने भीतर और आसपास की दुनिया से जोड़ सकते हैं। यहाँ कुछ तरीके हैं जिनसे आप रोज़मर्रा में ऐसी आध्यात्मिकता को और गहराई से अनुभव कर सकते हैं:

सजगता (Mindfulness) का अर्थ है - अपने वर्तमान क्षण में पूरी तरह से मौजूद रहना, बिना किसी निर्णय या व्याकुलता के। यह एक मानसिक अवस्था है जिसमें हम पूरी तरह से जागरूक होते हैं कि हम क्या कर रहे हैं, क्या महसूस कर रहे हैं, और हमारे चारों ओर क्या हो रहा है।

जब हम कहते हैं कि "चाय पीते वक्त सजग रहें", तो उसका गहरा मतलब होता है:

1. वर्तमान क्षण में रहना:

चाय पीते वक्त अक्सर हमारा मन कहीं और भटक जाता है - कल क्या हुआ, आगे क्या करना है, किसी से मन - मुटाव की यादें, या काम की चिंताएं। लेकिन सजगता सिखाती है कि हम अपने पूरे ध्यान को यही, अभी में लाएं।

उदाहरण:

जब आप चाय का प्याला हाथ में लेते हैं, तो उसकी गर्माहट को महसूस करें। घूंट लेते समय उसके स्वाद, उसकी खुशबू और तापमान पर ध्यान दें।

2. सभी इंद्रियों का उपयोग करना:

सजगता का अभ्यास करने का एक तरीका यह है कि आप अपनी सभी इंद्रियों को चाय पीने में लगाएं:

दृष्टि (Eyes): चाय का रंग देखें, प्याले की बनावट पर गौर करें।

घ्राण (Smell): चाय की महक को पहचानें उसकी खुसबू को आत्मसात करे

स्पर्श (Touch): प्याले की सतह को छूकर महसूस करें कि वह गर्म है या गुनगुना।

स्वाद (Taste): हर घूंट को धीरे-धीरे लें और उसके स्वाद को अंदर तक जाकर तृप्ती का एहसास करें।

श्रवण (Sound): जब आप चाय घूंटते हैं या प्याला रखते हैं, उन आवाजों को भी सुनें।

3. बिना बटवारे का ध्यान (Undivided Attention):

- फोन, टीवी, किताब या बातचीत से दूरी बनाएं।
- हर घूंट के साथ सांस को महसूस करें - कैसे सांस अंदर जा रही है, कैसे बाहर आ रही है।
- यह अभ्यास न सिर्फ मानसिक शांति देता है बल्कि तनाव को भी कम करता है।

4. सजगता और चाय के घूंट के बीच संबंध:

हर घूंट एक अवसर है अपने मन को वर्तमान में लाने का। अगर मन भटकता है, तो पुनः उसे वापस चाय पर केंद्रित करे।

लाभ (Benefits)

- तनाव में कमी
- ध्यान और एकाग्रता में सुधार
- खुशी और संतोष का अनुभव

- छोटे-छोटे क्षणों की कद्र करना सीखना

कृतज्ञता (Gratitude): "एक कप चाय और कृतज्ञता"

मोटूलाल रोज़ सुबह ऑफिस जाने से पहले अपनी पसंदीदा दुकान से एक कप चाय लिया करता था। एक दिन उसने यूँ ही सोचा - "ये चाय तो बढ़िया है, लेकिन इसके पीछे कितने लोगों की मेहनत छुपी है?"

उसी दिन उसने कुछ अलग किया।

पहले उसने चायवाले को मुस्कराकर धन्यवाद दिया। फिर मन ही मन उस किसान को याद किया, जिसने चाय की पत्तियाँ उगाई थीं। उसे वो पहाड़ी याद आई जहाँ शायद वो पेड़ है जिससे पत्तियाँ आई। फिर उसने सोचा - ट्रक ड्राइवर, फैक्ट्री में काम करने वाले लोग, कप बनाने वाला मज़दूर, गैस भरने वाला, और अंत में वो खुद, जिसे ये चाय पीने का समय और अवसर मिला।

मोटूलाल की आँखों में एक चमक थी - अब ये चाय केवल एक स्वाद नहीं थी, यह कृतज्ञता का अनुभव बन चुकी थी।

सीख: जब हम छोटी-छोटी चीज़ों में छिपी मेहनत और कृपा को पहचानते हैं, तो हमारा जीवन और अधिक अर्थपूर्ण बन जाता है।

सादगी में सुंदरता: छोटी चीज़ों को पूर्ण जीवनत्ता से जिए। जैसे, चाय को प्यार से बनाना और उसे पीते वक्त खुद से पूछना, "मैं अभी क्या महसूस कर रहा हूँ?" यह सब करने से आपका दिन-प्रतिदिन का जीवन न सिर्फ शांतिपूर्ण बनता है, बल्कि एक गहरे अर्थ से भर जाता है।

सांस, ध्यान, और जागरूकता की शुरुआत

सांस, ध्यान, और जागरूकता - ये तीनों आध्यात्मिकता और आत्म-संयोजन के मूल तत्व हैं। इनका आपस में गहरा संबंध है और ये दैनिक दिनचर्या में शांति व स्पष्टता लाने का एक सरल लेकिन प्रभावी तरीका हो सकते हैं।

आइए इनकी शुरुआत को समझें:

1. सांस (Breath) - जीवन का आधार

सांस वह पहला कदम है जो हमें अपने शरीर और मन से जोड़ता है। हम इसे अक्सर अनदेखा कर देते हैं, पर यह हमारा सबसे प्राकृतिक उपकरण है।

- शुरुआत कैसे करें: एक शांत जगह पर बैठें। आँखें बंद करें और बस अपनी सांस पर ध्यान दें - नाक से हवा अंदर जाना, बाहर निकलना। इसे बदलने की कोशिश न करें, सिर्फ देखें।
- ऑफिस में थकान महसूस होने पर 5 लम्बी गहरी सांसें लें। हर सांस के साथ तनाव को बाहर निकलते हुए महसूस करें।

2. ध्यान - मन का ठहराव

ध्यान सांस को एक कदम आगे ले जाता है। यह मन को शांत करने और भीतर की गहराई को छूने का अभ्यास है।

- शुरुआत कैसे करें: दिन में 5 मिनट निकालें। सांस पर ध्यान केंद्रित करें। अगर विचार आएँ (जो आएँगे ही), उन्हें बिना जज किए आने दें और वापस सांस पर लौटें।

रोज़मर्रा में: चाय बनाते वक्त उस प्रक्रिया को ध्यान बनाएं—पानी का गरम होना, चायपत्ती का रंग छोड़ना। इसे पूरी जागरूकता से करें।

3. जागरूकता - वर्तमान में जीना

जागरूकता का मतलब है हर पल को पूरी तरह से अनुभव करना। यह सांस और ध्यान का फल है।

- शुरुआत कैसे करें: दिन में कुछ पल रुकें और अपने आसपास को देखें - आवाज़ें, रंग, संवेदनाएँ। अपने शरीर में क्या चल रहा है, उसे महसूस करें।

रोज़मर्रा में: खाना खाते वक्त हर टुकड़े का स्वाद लें, चलते वक्त पैरों की हलचल पर ध्यान दें। यह आपको वर्तमान में लाता है।

एक आसान अभ्यास: सुबह 5 मिनट बैठें। पहले 10 गहरी सांसें लें, फिर 2-3 मिनट सांस को देखते हुए ध्यान करें, और आखिर में 1 मिनट अपने शरीर और आसपास की जागरूकता पर दें।

फायदा: धीरे-धीरे आप पाएंगे कि आप छोटी चीज़ों - जैसे चाय की चुस्की या हवा का झोंका में भी गहरी शांति और आनंद ढूंढने लगे हैं। अगर आपने भी ऐसा कोई कार्य किया है तो उसकी जागरूकता बढाये

ध्यान (Meditation) के विभिन्न प्रकार:

यहाँ ध्यान (Meditation) के विभिन्न प्रकारों को हिंदी में सरल शब्दों में समझाया गया है:

1. सजगता ध्यान (Mindfulness Meditation / विपश्यना)

अर्थ: वर्तमान क्षण में पूरी जागरूकता के साथ रहना।

कैसे करें: अपने सांस, शरीर की संवेदनाओं, और विचारों को बिना जज किए बस महसूस करें।

लाभ: तनाव कम करता है, मन शांत करता है।

2. एकाग्रता ध्यान (Focused Meditation)

अर्थ: मन को एक बिंदु पर टिकाना।

कैसे करें: किसी एक चीज़ पर ध्यान लगाएं जैसे—दीपक की लौ, सांस, एक शब्द (मंत्र), या घंटी की ध्वनि।

लाभ: मन की चंचलता घटती है, एकाग्रता बढ़ती है।

3. मंत्र ध्यान (Mantra Meditation)

अर्थ: किसी पवित्र शब्द या मंत्र का जप करना।

कैसे करें: "ॐ", "सोऽहम", या कोई गुरु द्वारा दिया गया मंत्र मन में या धीरे-धीरे बोलते हुए दोहराएं।

लाभ: मन को स्थिर करता है, स्पंदन ऊर्जावान बनाते हैं।

4. प्रेमभावना ध्यान (Loving-Kindness / Maitri Bhavana)

अर्थ: दूसरों के लिए प्रेम, दया, और शुभकामनाएँ भेजना।

कैसे करें: "सब सुखी हों, सब स्वस्थ हों" जैसे विचारों को मन में दोहराएं।

लाभ: नकारात्मकता दूर होती है, प्रेमभाव बढ़ता है।

5. आत्म-चिंतन ध्यान (Self-Inquiry Meditation)

अर्थ: "मैं कौन हूँ?" जैसे प्रश्नों पर ध्यान लगाना।

कैसे करें: अपने भीतर झांकना, विचारों के मूल को जानना।

लाभ: आत्मज्ञान की ओर ले जाता है।

6. ट्रान्सेंडेन्टल मेडिटेशन (Transcendental Meditation - TM)

अर्थ: एक खास मंत्र के माध्यम से गहरी ध्यानावस्था में जाना।

कैसे करें: गुरु द्वारा दिया गया व्यक्तिगत मंत्र 15-20 मिनट तक चुपचाप मन में दोहराएं।

लाभ: गहरी मानसिक और शारीरिक शांति।

7. कल्पना ध्यान (Visualization Meditation)

अर्थ: किसी छवि या दृश्य की कल्पना करना।

कैसे करें: मन में कोई शांत जगह, देवी-देवता, या प्रकाश की कल्पना करें।

लाभ: मन को रचनात्मक और शांत बनाता है।

8. चक्र ध्यान (Chakra Meditation)

अर्थ: शरीर के अंदर स्थित ऊर्जा केन्द्रों (चक्रों) पर ध्यान देना।

कैसे करें: हर चक्र के रंग, स्थान, और मंत्र पर ध्यान केंद्रित करें।

लाभ: ऊर्जा संतुलन और आंतरिक शुद्धि।

9. चलायमान ध्यान (Dynamic Meditation)क्या है: शारीरिक गति के साथ ध्यान, जैसे नृत्य या सांस की तेज़ हरकत।

- कैसे करें: ओशो की तकनीक में 5 चरण होते हैं - तेज़ सांस, भावनात्मक रिलीज़, कूदना, शांति, और नृत्य।

फायदा: दबी भावनाओं को निकालता है, ऊर्जा देता है।

खास बात: सक्रिय लोगों के लिए बढ़िया।

10. ज़ेन ध्यान (Zen Meditation - Zazen)क्या है: बौद्ध परंपरा से, जिसमें सिर्फ "होने" पर ध्यान होता है।

- कैसे करें: सीधे बैठें, सांस पर हल्का ध्यान रखें, और बस मौजूद रहें।

फायदा: सादगी और गहरी शांति।

खास बात: खालीपन को अपनाना।

11. नाद योग ध्यान (Nada Yoga Meditation)क्या है: ध्वनि के माध्यम से ध्यान, जैसे संगीत या भीतर की सूक्ष्म ध्वनियाँ सुनना।

- कैसे करें: शांत होकर "ॐ" की गूँज या प्रकृति की आवाज़ें सुनें।

फायदा: मन को शांत और ऊर्जावान बनाता है।

शुरुआत के लिए सुझाव:

अपना प्रकार चुनें: - अगर आप शांत स्वभाव के हैं तो सजगता या मंत्र ध्यान से शुरू करें। ऊर्जावान हैं तो चलायमान ध्यान आज़माएँ।

समय: पहले 5-10 मिनट से शुरू करें, फिर बढ़ाएँ।

नियमितता: रोज़ एक ही समय पर करें, जैसे सुबह या रात।

अध्याय 2:
समय और तनाव से परे

समय और तनाव से परे" एक गहरे विचार को दर्शाता है - ऐसा जीवन जहाँ हम समय की भागदौड़ और तनाव की जकड़न से मुक्त हो सकें। आइए इसे आध्यात्मिकता के संदर्भ में समझें और रोज़मर्रा में इसे कैसे लागू करें, उसे समझे।

समय और तनाव का : एक आध्यात्मिक नज़रिया

समय का भ्रम: आध्यात्मिक दृष्टि से, समय एक मानसिक संरचना है। वास्तव में, केवल "वर्तमान" ही सच है — बीता हुआ और आने वाला दोनों हमारे दिमाग की रचना हैं। फिर भी, हम इसके पीछे भागते हैं, जिससे तनाव पैदा होता है।

तनाव का मूल कारण: तनाव अक्सर तब आता है जब हम भविष्य की चिंता या अतीत के पछतावे में फँस जाते हैं केवल सोचते रहते हैं। यह हमें वर्तमान से दूर ले जाता है।

समय और तनाव से परे जाने के तरीके

वर्तमान में लौटें:

अभ्यास: दिन में कुछ पल रुकें। सांस पर ध्यान दें या अपने आसपास की एक चीज़ - जैसे पेड़ या हवा - को पूरी तरह महसूस करें। यह आपको "वर्तमान" में लाता है।

उदाहरण: चाय पीते वक्त या भोजन करते हुए उसकी गर्मी, स्वाद, और शांति को पूरी तरह अनुभव करें, बिना किसी मानसिक विचार के।

ध्यान का सहारा:

सजगता या विपश्यना ध्यान करें। ये आपको समय की सीमाओं से बाहर ले जाते हैं। 10 मिनट का अभ्यास भी मन को शांत कर सकता है। आपको सुकून दें सकता हैं और जागरूकता पैदा कर सकता है

- फायदा: आप समय को "नियंत्रित" करने की बजाय उसके साथ बहना सीखते हैं।

कृतज्ञता की शक्ति: हर दिन 3 चीज़ों के लिए धन्यवाद दें। यह तनाव को कम करता है और आपको वर्तमान के प्रति सकारात्मक बनाता है।

- उदाहरण: "मुझे यह चाय पीने का समय मिला, मैं इसके लिए आभारी हूँ।"
- " मुझे स्वस्थ जीवन देने के लिए धन्यवाद"
- " मुझे प्यार करने वाले परिवार और मददगार दोस्तों के लिए धन्यवाद"

काम और विश्राम का संतुलन: हर काम को जल्दबाज़ी में न करें। बीच-बीच में "होने" के लिए रुकें - बिना कुछ किए, बस मौजूद रहें।

- उदाहरण: ऑफिस में 2 मिनट आँखें बंद कर सांस लें और शांत (relax) महसूस करें।

प्रवाह में जीना: जब आप किसी काम में पूरी तरह डूब जाते हैं - जैसे लिखना, गाना, या कोई शौक - तो समय गायब सा हो जाता है। इसे "प्रवाह" कहते हैं। ऐसे पल तनाव को भुला देते हैं। दिनचर्या में इसे कैसे लाएँ ?

सुबह की शुरुआत: 5 मिनट सांस या ध्यान से करें। प्रत्येक कार्य को "करना पड़ता है" की बजाय "करना चाहता हूँ" की भावना से शुरू करें।बीच में रुकें: हर 2-3 घंटे में 1 मिनट का ब्रेक लें - खुद से पूछें, "मैं अभी कैसा महसूस कर रहा हूँ?"

रात का अंत: दिन को शांति से खत्म करें। सोने से पहले 2 मिनट सांस पर ध्यान दें या अच्छी बातें याद करें।

आध्यात्मिक दृष्टि से परे जाना: - आध्यात्मिकता हमें सिखाती है कि हम समय और तनाव से बड़े हैं। जब आप यह महसूस करते हैं कि आपका असली स्वरूप - आत्मा या चेतना हैं जो इनसे अछूता है, तो ये बोझ हल्का लगने लगता है। जैसे बादल आसमान को छूते हैं, पर उसे बदल नहीं सकते - वैसे ही समय और तनाव आपके जीवन को छू सकते हैं, पर आपकी शांति को नहीं।

आध्यात्मिक उपवास

आध्यात्मिक उपवास एक प्राचीन अभ्यास है जो न केवल शारीरिक शुद्धि के लिए, बल्कि मानसिक और आत्मिक उन्नति के लिए भी किया जाता है। यह भोजन या कुछ खास चीज़ों से परहेज करने का तरीका है, जिसका उद्देश्य आत्म-संयम, जागरूकता और ईश्वर या अपने भीतर की शक्ति से जुड़ना होता है।

आइए इसे विस्तार से समझें: आध्यात्मिक उपवास क्या है?

परिभाषा: यह स्वेच्छा से भोजन, पानी, या विशिष्ट चीज़ों (जैसे मांस, मिठाई) से दूर रहने का अभ्यास है, जो आध्यात्मिक लक्ष्यों के लिए किया जाता है।

उद्देश्य: मन को शांत करना, इंद्रियों पर नियंत्रण पाना, और अपने भीतर की गहराई से जुड़ना।

अलग-अलग परंपराएँ: हिंदू धर्म में एकादशी एवं नवरात्री आदि, इस्लाम में रमज़ान, ईसाई धर्म में लेंट, और जैन धर्म में पर्युषण जैसे उपवास इसके मुख्य उदाहरण हैं।

आध्यात्मिक उपवास के प्रकार

पूर्ण उपवास: भोजन और पानी दोनों से परहेज, आमतौर पर छोटी अवधि के लिए (जैसे 12-24 घंटे)।

उदाहरण: कुछ संतों का कठोर तप।

आंशिक उपवास: कुछ खाद्य पदार्थों (जैसे अनाज, नमक) से परहेज, लेकिन फल, पानी या हल्का भोजन लेना इत्यादि।।

उदाहरण: नवरात्रि में फलाहार।

तरल उपवास: केवल पानी, दूध, जूस, या हर्बल चाय लेना इत्यादि।

उदाहरण: डिटॉक्स के लिए आधुनिक तरीका।

सामाजिक उपवास: भोजन की बजाय दूसरी चीज़ों - जैसे सोशल मीडिया, टीवी से दूरी।

उदाहरण: आधुनिक जीवन में "डिजिटल डिटॉक्स"।

आध्यात्मिक लाभ

मन की शुद्धि: भोजन कम मात्रा मे करने से मन हल्का और सजग होता है, जिससे ध्यान और प्रार्थना आसान बनती है।

1. भोजन और मन का संबंध:

योग और आयुर्वेद के अनुसार, जैसा आहार होता है, वैसा ही विचार बनता है "जैसा खाओ अन्न वैसा होगा मन"। अधिक, भारी या तामसिक भोजन (जैसे तेल-मसालेदार, मांस, शराब आदि) न केवल शरीर को भारी करता है, बल्कि मन को भी जड़ और अस्थिर बनाता है

2. भोजन कम करने से मन हल्का क्यों होता है:

जब हम सीमित और सात्विक भोजन करते हैं तब हमारे पाचन तंत्र पर कम दबाव पड़ता है जिस वजह से शरीर को अधिक ऊर्जा मस्तिष्क और ध्यान केंद्रों को भेजने का अवसर मिलता है

जिससे शारीरिक सुस्ती कम होती है व मानसिक सजगता बढ़ती है!

3. ध्यान और प्रार्थना में सहायक:

एक हल्का, सजग मन: अधिक एकाग्र हो सकता है जो बाहरी विकर्षणों से कम प्रभावित होता है तथा भीतरी शांति और ईश्वर से जुड़ाव महसूस करने में समर्थ होता है इसीलिए ऋषि-मुनि उपवास रखते थे, या सूर्योदय से पहले ध्यान करते थे - जब शरीर भूखा होता है परंतु थका नहीं होता।

आत्म-नियंत्रण: इच्छाओं पर काबू पाना आत्म-संयम सिखाता है।

कृतज्ञता: भोजन की कमी से उसकी कीमत समझ आती है। जो हमें भोजन के प्रति सम्मान की भावना को मजबूत करती हैं और आपको भूखे व्यक्ति के प्रति उदार बनाती हैं

ऊर्जा का संरक्षण: शरीर की ऊर्जा पाचन की बजाय आत्म-चिंतन में लगती है।

जुड़ाव: ईश्वर, प्रकृति, या अपने अंतरतम से गहरा संबंध बनता है।

रोज़मर्रा में कैसे करें?

शुरुआत: अगर नए हैं, तो पहले हल्के उपवास से शुरू करें,जैसे एक समय का भोजन छोड़ें या दिन भर सिर्फ फल लें।

संकल्प: उपवास से पहले एक संकल्प लें, जैसे "मैं यह शांति और स्पष्टता के लिए कर रहा हूँ।"

साथ में ध्यान: उपवास के दौरान 10-15 मिनट ध्यान करें। सांस पर ध्यान देना आसान और प्रभावी है।

हाइड्रेशन: पानी पीते रहें, ताकि शरीर कमज़ोर न पड़े।

समापन: उपवास हल्के भोजन से खोले, ज़्यादा न खाएँ।

सावधानियाँ

स्वास्थ्य की जाँच करें: बीमार, गर्भवती, या कमज़ोर लोग बिना सलाह के न करें।

जबरदस्ती न करें: अगर चक्कर या कमज़ोरी हो, तो रुक जाएँ।

भावना महत्त्वपूर्ण है: उपवास सिर्फ भूखा रहना नहीं, बल्कि उसकी आध्यात्मिक भावना को जीना है।

5-मिनट की साधना जो कोई भी कर सकता है।

5 मिनट की एक सरल साधना जो कोई भी कर सकता है, वह है "श्वास पर ध्यान"। यह न केवल मन को शांत करता है, बल्कि शारीरिक और मानसिक संतुलन भी लाता है। इसे कहीं भी, कभी भी समय किया जा सकता है - घर, ऑफिस या बाहर।

विधि:

1. बैठें या खड़े रहें: एक आरामदायक स्थिति चुनें, जहाँ आपकी रीढ़ सीधी हो। अगर बैठ सकते हैं तो ज़मीन पर बैठ जाये, आरामदायक कुर्सी पर भी बैठ सकते हैं।

2. आँखें बंद करें: इससे बाहरी भटकाव कम होंगे। मन मे उठ रही तरंगों पर ध्यान न दें।

3. श्वास पर ध्यान दें: अपनी सांस को नाक से अंदर जाते और बाहर निकलते हुए महसूस करें। सांस की गति को बदलने की कोई आवश्यकता नहीं, बस उसे देखते रहे।

4. मन भटके तो लौट आयें: अगर विचार आएँ (जो स्वाभाविक है), तो उन्हें बिना जज किए धीरे से वापस श्वास पर लाएँ।

5. 5 मिनट तक करें: टाइमर लगा सकते हैं। शुरू में 2-3 मिनट भी ठीक हैं, धीरे-धीरे बढ़ाएँ।

फायदा:

- तनाव कम होता है।
- एकाग्रता बढ़ती है।
- दिनभर की थकान में राहत मिलती है।

इसे रोजाना आजमाएँ, और आपको अंतर महसूस होगा।

यहाँ कुछ अन्य प्रभावी ध्यान तकनीकें दी जा रही हैं, जो 5 मिनट में की जा सकती हैं और अलग-अलग जरूरतों के लिए उपयुक्त हैं। ये सभी सरल हैं और कोई भी इन्हें कर सकता है:

1. मंत्र ध्यान (Mantra Meditation)

कैसे करें:

एक शांत, एकांत स्थान पर सुखासन, पद्मासन या कुर्सी पर बैठ जाएँ। अपनी रीढ़ सीधी रखें और आँखें बंद करें।

अब एक मंत्र चुनें — जैसे "ॐ" (Om), "शांति", "सोऽहम", या कोई भी सकारात्मक और पवित्र शब्द जो आपको आंतरिक शांति का अनुभव कराए।

मंत्र को धीमी गति से, समान लय में दोहराते रहें — चाहे तो मन में, या धीमी आवाज़ में।

हर मंत्र के साथ श्वास को जोड़ें:

साँस अंदर लेते समय मंत्र का पहला भाग,

साँस बाहर छोड़ते समय उसका दूसरा भाग।

अगर मन भटके, तो शांतिपूर्वक मंत्र पर ध्यान वापस लाएँ।

फायदा:

- मन को एकाग्र करता है
- नकारात्मक विचारों को कम करता है
- मानसिक शांति और स्थिरता लाता है
- ध्यान में गहराई लाने में सहायक है
- सकारात्मक ऊर्जा का अनुभव कराता है

2. बॉडी स्कैन ध्यान (Body Scan Meditation)

यह ध्यान विधि हमें अपने शरीर और उसमें हो रही हर संवेदना के प्रति सजग बनाती है। यह ध्यान हमारे शरीर और मन के बीच की कड़ी को मजबूत करता है।

कैसे करें (विस्तृत चरण):

1. शांत वातावरण चुनें: किसी शांत, साफ-सुथरे स्थान पर जाएँ, जहाँ कोई व्यवधान न हो। मोबाइल फोन या अन्य डिवाइस बंद कर दें।

2. आरामदायक स्थिति में आएँ: आप चाहे तो पीठ के बल लेट सकते हैं (जैसे शवासन में), या फिर कुर्सी पर आराम से बैठ सकते हैं, जहाँ रीढ़ सीधी रहे लेकिन शरीर तनावमुक्त हो।

3. आँखें बंद करें और साँसों पर ध्यान दें: कुछ देर तक गहरी साँस लें और छोड़ें। इससे मन शांत होगा और शरीर धीरे-धीरे विश्राम की स्थिति में जाएगा।

4. ध्यान पैरों से शुरू करें: अपने ध्यान को पैरों की उंगलियों पर केंद्रित करें। वहाँ क्या महसूस हो रहा है? गर्मी, ठंडक, झुनझुनी, या कुछ भी नहीं? जो भी हो, उसे स्वीकार करें उसमे बदलाव की कोशिश न करें।

5. एक-एक अंग पर ध्यान बढ़ाएँ:

अब धीरे-धीरे ध्यान को ऊपर की ओर बढ़ाएँ:

तलवे

टखने

पिंडलियाँ

घुटने

जांघें

कूल्हे

पेट और नाभि

छाती

पीठ

कंधे

बाँहें और हथेलियाँ

गर्दन

चेहरा (जैसे जबड़े, होंठ, नाक, आँखें, माथा)

और अंत में सिर का शीर्ष

6. हर स्थान पर रुकें और महसूस करें: हर अंग पर कुछ पल ठहरें। जो भी संवेदना हो - तनाव, आराम, धड़कन, भारीपन, हल्कापन - उसे बस देखें, मुक्त करें और स्वीकार करें।

7. यदि ध्यान भटक जाए: तो कोई बात नहीं, यह सामान्य है। बस ध्यान को फिर से उसी अंग या साँस पर पुनः वापस ले आएँ।

8. अंत में पूरे शरीर को एक साथ महसूस करें: जब आप सिर तक पहुँच जाएँ, तब कुछ पल पूरे शरीर को एक साथ महसूस करें - एक संपूर्ण जीवित, सजग इकाई के रूप में।

9. प्रक्रिया को समाप्त करें: कुछ गहरी साँस लें। धीरे-धीरे आँखें खोलें और इस शांत ऊर्जा को अपने पूरे दिन में साथ ले जाएँ।

समय सुझाव:

प्रारंभ में 10–15 मिनट से शुरू करें।

अनुभव बढ़ने पर इसे 30 मिनट तक ले जा सकते हैं।

मुख्य लाभ:

- शारीरिक तनाव की पहचान और मुक्ति
- नींद की गुणवत्ता में सुधार

- मन और शरीर की गहराई से जुड़ाव
- तनाव और चिंता में कमी
- वर्तमान में जीने की आदत
- स्वस्थ दिनचर्या और आत्म-जागरूकता का विकास

यह ध्यान विशेष रूप से उन लोगों के लिए उपयोगी है जो दिन भर थकान, शरीर में अकड़न, या मानसिक उलझनों से जूझते हैं।

यह अभ्यास एक प्रकार का "आत्म-देखभाल" है - सरल, सुलभ, और अत्यंत प्रभावशाली।

3. विज़ुअलाइज़ेशन ध्यान (Visualization Meditation)

कल्पना के माध्यम से मन को विश्राम देना और सकारात्मक ऊर्जा से भरना।

क्या है यह ध्यान?

Visualization ध्यान में हम अपने मन में किसी शांत, सुखद और सुरक्षित स्थान की कल्पना करते हैं - जैसे कि कोई समुद्र तट, पहाड़ी इलाका, हरियाली भरा जंगल या कोई मंदिर का प्रांगण।

हम उस जगह के दृश्य (visuals), ध्वनियाँ (sounds), गंध (smells), और स्पर्श (sensations) को पूरी तरह महसूस करते हैं - जैसे कि हम सच में वहाँ मौजूद हों।

कैसे करें:

1. एकांत और शांत स्थान चुनें: जहाँ कोई बाधा न हो। मोबाइल साइलेंट मोड पर रखें या बंद कर दें। हल्के कपड़े पहनें और आरामदायक मुद्रा में बैठें या लेट जाएँ।

2. शरीर को शांत करें: गहरी साँस लें और छोड़ें, कम से कम 3–5 बार। मन को वर्तमान में लाएँ।

3. आँखें बंद करें और कल्पना शुरू करें: अब किसी ऐसी जगह की कल्पना करें जहाँ आप शांति, सुरक्षा और आराम महसूस करते हैं।

जैसे:

- एक शांत समुद्र तट
- किसी झरने के पास हरियाली भरा जंगल
- बर्फ से ढकी शांत पहाड़ियाँ या कोई दिव्य स्थान जैसे हिमालय या मंदिर परिसर

4. **इंद्रियों को सक्रिय करें:** अब अपनी पाँचों इंद्रियों से उस जगह को अनुभव करें

देखें: वहाँ का रंग, आकाश, पेड़, पानी, पत्थर, रौशनी

सुनें: लहरों की आवाज़, पक्षियों की चहचहाहट, पत्तियों की सरसराहट।

महसूस करें: हवा की ठंडक, धूप की गर्मी, पानी का स्पर्श

सूंघें: ताज़ी मिट्टी, फूलों की खुशबू, समुद्री हवा

स्वाद (अगर चाहें): कल्पना में एक ताज़ा फल या मिठाई

5. **उसी दृश्य में कुछ देर ठहरें:** वहाँ कुछ समय बिताएँ - जैसे आप सच में वहाँ बैठे हों। मन अगर भटके तो धीरे से कल्पना में लौट आएँ।

6. **सकारात्मक भावना जोड़ें:** आप चाहें तो उस स्थान पर बैठकर एक सकारात्मक भाव लाएँ - जैसे कृतज्ञता, प्रेम, शांति या सुरक्षा।

7. **वापस लौटें और अनुभव को समेटें:** धीरे-धीरे अपनी साँसों पर ध्यान लाएँ और आँखें खोलें। मन की शांति को महसूस करें और इस ऊर्जा को अपने दिनभर में बनाए रखें।

अवधि:

शुरुआत में 10 मिनट पर्याप्त हैं।

नियमित अभ्यास से 20–30 मिनट तक किया जा सकता है।

मुख्य लाभ:

- तनाव और चिंता को कम करता है
- मन को शांति और विश्राम देता है
- रचनात्मकता और मानसिक स्पष्टता बढ़ाता है
- सकारात्मक सोच विकसित करता है
- अनिद्रा में लाभकारी है
- आत्मिक संतुलन और ऊर्जा प्रदान करता है

उदाहरण कल्पना:

"मैं एक शांत समुद्र तट पर बैठा हूँ। सूरज धीरे-धीरे अस्त हो रहा है। हल्की-हल्की लहरें किनारे से टकरा रही हैं। मेरे पैरों में नम रेत है। समंदर की ठंडी हवा मेरे चेहरे को छू रही है। मैं गहराई से साँस लेता हूँ - वहाँ की मिट्टी की महक मेरे अंदर तक जाती है। यहाँ मैं पूरी तरह शांत, सुरक्षित, आनंदित, स्वस्थ और संतुष्ट हूँ…"

विज़ुअलाइज़ेशन ध्यान कल्पनाशक्ति को शक्ति में बदलने की विधि है। यह ध्यान एक प्रकार का "मानसिक विश्राम केंद्र" है, जहाँ आप जब चाहें पहुँच सकते हैं - बिना टिकट, बिना समय की बाध्यता के।

4. कृतज्ञता ध्यान (Gratitude Meditation)

कृतज्ञता यानी "Thankfulness" - जब हम उन चीजों पर ध्यान देते हैं जो हमारे पास हैं, न कि उन पर जो नहीं हैं। यह ध्यान हमें हर दिन की छोटी-छोटी खुशियों को पहचानने, सराहने और जीने की शक्ति देता है।

कैसे करें:

1. एक शांत स्थान चुनें:

किसी शांत कोना चुनें जहाँ आप 10–15 मिनट बिना किसी रुकावट के बैठ सकें। मोबाइल साइलेंट पर रखें अगर हो सके तो बंद कर दें।

2. आराम से बैठें या लेटें:

आँखें बंद करें, शरीर को आराम दें और कुछ लंबी गहरी साँसें लें।

3. साँस पर ध्यान केंद्रित करें:

2–3 मिनट तक अपनी साँसों पर ध्यान दें - बस आने-जाने दें। यह मन को शांत करता है और वर्तमान में लाता है।

4. अब कृतज्ञता की भावना जागृत करें:

अपने मन में उन 3–5 चीजों, व्यक्तियों, अनुभवों या अवसरों को याद करें जिनके लिए आप सच में आभारी हैं। ये छोटी या बड़ी कोई भी चीजें हो सकती हैं, जैसे:

- परिवार या जीवनसाथी का साथ
- आपका अच्छा स्वास्थ्य
- एक सच्चा मित्र
- आज की ताजी हवा या सूरज की रौशनी
- बचपन की कोई स्मृति
- किसी का दिया गया सहयोग या स्नेह

5. हर चीज़ को मन में दोहराएँ और महसूस करें:

अब एक-एक कर हर उस चीज़ को याद करें और उससे जुड़ी भावनाओं को दिल से महसूस करें।

जैसे:

- "मैं अपने माता-पिता के प्यार के लिए आभारी हूँ।"
- "मैं इस शांत साँझ के लिए आभारी हूँ।"

6. प्रत्येक के लिए मन में 'धन्यवाद' कहें:

हर भावना के साथ धीरे-धीरे कहें -"धन्यवाद", "Thank you", "आभार" - जैसा भी आपको सहज एवं सरल लगे।

7. कुछ देर उस भाव में ठहरें:

यह अभ्यास केवल सोचने का नहीं, महसूस करने का है। जितनी गहराई से आप इन भावनाओं को अनुभव करेंगे, उतना ही मन आनंद और संतोष से भरता जाएगा।

8. अंत में कुछ गहरी साँस लें: अब साँसों पर फिर ध्यान दें, कुछ गहरी साँस लें और धीरे-धीरे आँखें खोलें।

समय सुझाव:

शुरुआत में 5–10 मिनट काफी है।

नियमित अभ्यास से आप इसे 20 मिनट तक बढ़ा सकते हैं।

मुख्य लाभ:

- मन को सकारात्मक और शांत बनाता है
- तनाव, चिंता और चिड़चिड़ेपन में कमी करता है
- छोटी-छोटी चीज़ों में आनंद महसूस करने की आदत डालता है
- नींद की गुणवत्ता को बेहतर बनाता है
- मानसिक और भावनात्मक स्वास्थ्य को मजबूत करता है
- आपसी रिश्तों को बेहतर बनाता है, क्योंकि कृतज्ञता स्नेह बढ़ाती है

एक सरल आंतरिक अनुभव (Guided Feeling):

"मैं इस श्वास के लिए आभारी हूँ जो मुझे जीवित रखे हुए है।

मैं इस दिन के लिए आभारी हूँ जो मुझे नए अवसर देता है।

मैं उन लोगों के लिए आभारी हूँ जो बिना शर्त मुझे प्रेम करते हैं।

मैं खुद के लिए भी आभारी हूँ कि मैं आज भी सीख रहा हूँ, बढ़ रहा हूँ, और बेहतर बन रहा हूँ। धन्यवाद..."

कृतज्ञता ध्यान कोई साधारण अभ्यास नहीं - यह एक जीवन-दृष्टि है।

यह मन को आपके पास "क्या नहीं है" से हटाकर "क्या है" पर केंद्रित करता है और वहीं से सच्चा आनंद पैदा होता है।

5. लविंग-काइंडनेस ध्यान (Metta Meditation / मैत्री ध्यान)

"Metta" का अर्थ है – मैत्री, दयालुता, और निष्कलंक शुभेच्छा। यह ध्यान हृदय को खोलने और सभी के लिए प्रेम व करुणा पैदा करने का अभ्यास है।

कैसे करें (विस्तृत प्रक्रिया):

1. शांत और एकाग्र वातावरण चुनें: जहाँ आप बिना विघ्न (कठिनाई) 10–20 मिनट तक ध्यान कर सकें। बैठने की मुद्रा आरामदायक हो और पीठ सीधी रहे।

2. शुरुआत साँसों से करें: लंबी गहरी साँस लें और धीरे-धीरे छोड़ें। 2–3 मिनट तक श्वास पर ध्यान केंद्रित करें ताकि मन स्थिर हो सके।

3. सबसे पहले अपने लिए शुभकामना: आँखें बंद करके अपने हृदय की ओर ध्यान लाएँ और अपने लिए ये भाव दोहराएँ —

"मैं खुश रहूँ।"

"मैं स्वस्थ रहूँ।"

"मैं सुरक्षित रहूँ।"

"मैं शांत और संतुष्ट रहूँ।"

इन पंक्तियों को मन में दोहराएँ और इन भावनाओं को गहराई से महसूस करें।

4. फिर किसी प्रिय व्यक्ति के लिए: किसी ऐसे व्यक्ति की कल्पना करें जिससे आप प्रेम करते हैं — जैसे जीवनसाथी, बच्चे, माता-पिता, या कोई सच्चा मित्र।

अब उनके लिए वही शुभकामनाएँ दोहराएँ:

"वे खुश रहें।"

"वे स्वस्थ रहें।"

"वे सुरक्षित रहें।"

"उनका जीवन शांतिपूर्ण और सुंदर हो।"

5. फिर किसी सामान्य व्यक्ति के लिए (जिससे आप गहरे जुड़े नहीं):

जैसे – पड़ोसी, सहकर्मी, दुकानदार। उन्हें ध्यान में रखें और वही कामना करें।

6. फिर किसी कठिन व्यक्ति के लिए (जिससे मनभेद हो):

किसी ऐसे व्यक्ति को ध्यान में लाएँ जिससे आपके मतभेद हों, या जिसे क्षमा करना कठिन लगता हो। उनके लिए भी वही शुभकामनाएँ करें — क्योंकि यह अभ्यास अहंकार को मिटाकर करुणा उत्पन्न करता है।

7. अब सभी प्राणियों के लिए शुभेच्छा:

अंत में, अपना हृदय पूरे विश्व की ओर फैलाएँ और सोचें:

"सभी जीव सुखी हों।"

"सभी जीव स्वस्थ हों।"

"सभी जीव सुरक्षित और शांत हों।"

"सभी जीव प्रेम और करुणा में जीएँ।"

दैनिक अभ्यास समय:

10–20 मिनट का अभ्यास पर्याप्त है।

शुरुआत में रोज़ 5–10 मिनट से शुरू करें और धीरे-धीरे बढ़ाएँ।

मुख्य लाभ (Benefits):

- करुणा और सहानुभूति को गहराई देता है

- नकारात्मक भावनाओं को पिघलाता है (जैसे ग़ुस्सा, द्वेष, ईर्ष्या) रिश्तों में मधुरता लाता है
- आत्म-सम्मान और आत्म-स्वीकृति को बढ़ाता है
- अहंकार को कम कर, हृदय को विनम्र बनाता है
- तनाव और मानसिक अशांति में राहत देता है
- विश्व के प्रति एकता और प्रेम की भावना को जागृत करता है

एक अनुभवात्मक उदाहरण:

"मैं अपने दिल में एक कोमल, उज्ज्वल प्रकाश की कल्पना करता हूँ। वह प्रकाश मुझे भर देता है — प्रेम, सुरक्षा, शांति और करुणा से।

अब मैं उस प्रकाश को अपने प्रियजनों, फिर अजनबियों, फिर कठिन लोगों और फिर पूरे ब्रह्मांड तक फैलते देखता हूँ। सब जगह प्रेम और शांति फैल रही है।"

यह ध्यान क्यों करें?

क्योंकि जब आप लविंग-काइंडनेस का अभ्यास करते हैं, तो आप दूसरों को नहीं, पहले खुद को बदलते हैं। आप क्रोध, दुःख और द्वेष को छोड़कर — शांति, प्रेम और जुड़ाव को अपनाते हैं। यही सच्चा आध्यात्मिक रूपांतरण है।

सुझाव:

- अपनी पसंद और मूड के हिसाब से तकनीक चुनें।

- शुरुआत में टाइमर का इस्तेमाल करें ताकि घड़ी न देखनी पड़े।

- रोज एक ही समय पर करें तो ज्यादा अच्छा होगा

"अध्याय 3: रिश्तों में आध्यात्मिकता"

रिश्तों में आध्यात्मिकता: एक नजर

रिश्ते: - चाहे वह माता-पिता और संतान का हो, पति-पत्नी, मित्रता, या गुरु-शिष्य का, हमारे जीवन का मूल आधार हैं। ये केवल सामाजिक या भावनात्मक बंधन नहीं हैं, बल्कि आत्माओं के बीच होने वाला एक अदृश्य, गहरा और पवित्र संवाद हैं।

आध्यात्मिकता रिश्तों में क्या लाती है?

आध्यात्मिकता रिश्तों को एक नई दृष्टि देती है:

यह हमें स्वार्थ से सेवा की ओर, अपेक्षा से स्वीकृति की ओर और अहंकार से समर्पण की ओर ले जाती है।

जब हम अपने रिश्तों को एक आध्यात्मिक यात्रा के रूप में देखते हैं, तो हम दूसरों में केवल एक व्यक्ति नहीं, बल्कि एक आत्मा का प्रतिबिंब देख पाते हैं। यहाँ कुछ प्रमुख बिंदु हैं:

1. स्वयं से जुड़ाव पहले (Connection with Self)

"स्वयं की खोज ही सभी रिश्तों की शुरुआत है।"

यदि आप भीतर से खाली हैं, तो कोई भी रिश्ता उस रिक्तता को पूरी तरह भर नहीं सकता और यदि आप भीतर से समृद्ध हैं, तो हर रिश्ता आपके आनंद का विस्तार बन जाता है।

आध्यात्मिक दृष्टिकोण से:

आध्यात्मिकता हमें सिखाती है कि हर रिश्ता बाहर से पहले भीतर शुरू होता है।

आप जितना खुद से जुड़ेंगे — अपनी आत्मा, भावनाओं और चित्त की गहराई से — उतना ही आप दूसरों से भी सच और प्रेम के स्तर पर जुड़ सकेंगे।

स्वयं से जुड़ाव का अर्थ क्या है?

1. स्व-चेतना:

खुद की भावनाओं, विचारों, प्रतिक्रियाओं और आंतरिक स्वभाव को जानना।

2. स्वीकृति:

अपने दोषों और खूबियों को पहचानकर उन्हें बिना जजमेंट के स्वीकार करना।

3. शांति का स्रोत भीतर ढूंढ़ना:

बाहरी परिस्थितियों पर निर्भर न रहते हुए, ध्यान और आत्मनिरीक्षण के ज़रिए भीतर स्थिरता पाना।

क्यों जरूरी है ये जुड़ाव?

कम अपेक्षाएँ, ज्यादा प्रेम: जब आप खुद को पूर्ण मानते हैं, तो दूसरों से अपेक्षा करना कम हो जाता है। तब आप प्यार करने के लिए प्यार करते हैं, न कि बदले में कुछ पाने के लिए।

रिश्तों में संतुलन आता है: आप खुद की सीमाएँ और ज़रूरतें पहचानते हैं, जिससे दूसरों के साथ स्पष्ट और सम्मानपूर्ण सीमाएँ बना पाते हैं।

संवाद में गहराई आती है: खुद की भावनाएँ पहचानने वाला व्यक्ति दूसरों की भावनाओं को बेहतर समझता है।

ध्यान और स्वयं से जुड़ाव:

आप ऊपर बताए गए ध्यान अभ्यासों का उपयोग कर सकते हैं, जैसे:

- बॉडी स्कैन ध्यान: अपने शरीर को महसूस करना
- कृतज्ञता ध्यान: खुद के जीवन की सराहना करना

- मंत्र ध्यान: भीतर की शांति से जुड़ना
- लविंग-काइंडनेस ध्यान: खुद को प्रेम देना

इन अभ्यासों से आप न केवल मानसिक रूप से शांत होते हैं, बल्कि अपने असली 'स्वरूप' से संपर्क करते हैं — और वहीं से सच्चे रिश्तों की शुरुआत होती है।

एक आत्म-प्रश्न:

"क्या मैं उस प्रेम, सम्मान और समझ का स्रोत बन सकता हूँ, जिसकी मुझे दूसरों से अपेक्षा है?"

निष्कर्ष:

स्वयं से जुड़ाव कोई स्वार्थ नहीं — यह सबसे बड़ा उपहार है जो आप अपने रिश्तों को दे सकते हैं।

जब आप भीतर से भरे होते हैं, तब आप खाली हाथ नहीं, बल्कि एक पूर्ण हृदय लेकर रिश्तों में प्रवेश करते हैं — और वहीं से रिश्ते आध्यात्मिक हो जाते हैं।

2. करुणा और क्षमा:

"जो प्रेम करता है, वह क्षमा करता है। जो समझता है, वह करुणा करता है।" रिश्ते केवल समानताओं से नहीं, बल्कि विरोधों को स्वीकारने और गलतियों को समझने से मजबूत बनते हैं।

यहाँ पर करुणा और क्षमा दो पंख बन जाते हैं, जो रिश्तों को नई ऊँचाइयों तक ले जाते हैं।

1. करुणा (Compassion):

करुणा का अर्थ केवल "दया" नहीं है, बल्कि यह एक गहरी समझ है कि "दूसरा भी एक इंसान है, जो अपनी ही सीमाओं, दुखों और संघर्षों से जूझ रहा है।"

रिश्तों में करुणा क्यों जरूरी है?

हर व्यक्ति परिपूर्ण नहीं होता। हम सभी में कमजोरियाँ हैं। जब आप अपने रिश्तेदार, मित्र या जीवनसाथी की किसी भूल या व्यवहार को उनकी परवरिश, अनुभव, मानसिक स्थिति और जीवन-परिस्थिति के संदर्भ में देखते हैं — तो वहाँ से करुणा जन्म लेती है।

कैसे करें अभ्यास?

"लविंग-काइंडनेस मेडिटेशन" (जैसे पहले बताया गया) करें, जिसमें दूसरों के लिए शुभकामना की जाती है।किसी के कठिन व्यवहार के पीछे छुपे दर्द को समझने की कोशिश करें।

बार-बार मन में कहें:

"जैसे मैं दुख से गुजरता हूँ, वैसे ही यह व्यक्ति भी अपने संघर्ष में है। मैं उसे शांति की कामना देता हूँ, ईश्वर उन्हें इस कठिन समय को सहन करने की हिम्मत दें।"

2. क्षमा:

क्षमा का अर्थ है — अपने हृदय को उस बोझ से मुक्त करना, जो किसी की गलती या अपमान के कारण उसमें ठहर गया है।

ध्यान देने योग्य बात

क्षमा का मतलब यह नहीं कि आप किसी की गलती को सही ठहरा रहे हैं। बल्कि यह है: "मैं अब उस पीड़ा को और नहीं ढोना चाहता, जो उस अनुभव ने मेरे भीतर छोड़ दी है।"

आध्यात्मिक महत्व

जब आप क्षमा करते हैं, तो आप केवल दूसरे को नहीं, खुद को भी आज़ाद करते हैं। यह क्रोध, पीड़ा और शिकायतों की गांठों को खोलता है, और मन को निर्मल बनाता है।

कैसे करें अभ्यास?

ध्यान में उस व्यक्ति की कल्पना करें जिसने आपको चोट पहुँचाई।

मन में धीरे-धीरे कहें:

"मैं तुम्हें क्षमा करता हूँ। मैं खुद को भी क्षमा करता हूँ। हम दोनों शांति में रहें।"

यह अभ्यास एक बार में नहीं होता — इसे हर दिन थोड़े-थोड़े भाव से दोहराएं। धीरे-धीरे मन से बोझ उतरता जाएगा।

करुणा + क्षमा = रिश्तों की मुक्ति

जब हम किसी से प्रेम करते हैं, तो उनके व्यवहार में "भावना के पीछे की पीड़ा" देखने लगते हैं समझने लगते हैं।

जब हम क्षमा करते हैं, तो उस रिश्ते को एक नया जीवन देते हैं।

व्यावहारिक उदाहरण:

मान लीजिए किसी ने आपको कठोर शब्द कहे।

सामान्य प्रतिक्रिया — ग़ुस्सा, दूरी या शिकायत।

आध्यात्मिक प्रतिक्रिया —

"क्या वह खुद किसी तनाव में था?"

"क्या मैं उस शब्द को पकड़कर अपनी शांति क्यों दूँ?"

"मैं उस स्थिति से सीख सकता हूँ और फिर भी प्रेम में रह सकता हूँ।"

निष्कर्ष:

करुणा हृदय की आँखें खोलती है, और क्षमा आत्मा के दरवाज़े।

इन दोनों के बिना कोई भी रिश्ता लम्बा नहीं चल सकता। लेकिन जब ये दोनों होते हैं, तो संबंध केवल बंधन नहीं, आध्यात्मिक संगति बन जाते हैं।

3. अहंकार से ऊपर उठना

"अहम" क्या है?

अहंकार यानी "मैं" का बोध, जो हर बार खुद को सही, श्रेष्ठ, और महत्वपूर्ण मानना चाहता है। यह वही आवाज़ है जो कहती है:

"मेरी बात मानी जाए", "उसे मुझसे माफ़ी मांगनी चाहिए", "मैं क्यों झुकूं?"

रिश्तों में अहंकार कैसे दिखता है?

- बहस में सही साबित होने की ज़िद।
- माफ़ न करने का रवैया।
- "पहले वह बात करे, फिर मैं करूँगा" वाली सोच।
- छोटी बातों को प्रतिष्ठा का मुद्दा बना लेना।
- स्वयं को सबसे श्रेष्ठ मानना

आध्यात्मिक दृष्टिकोण क्या कहता है?

आध्यात्मिकता हमें यह सिखाती है कि: रिश्तों में जीतने से ज़्यादा जरूरी है, जुड़ाव बनाए रखना। जब आप अपने अहंकार से एक कदम पीछे हटते हैं, तो आप प्यार, समझ, और सामंजस्य के लिए जगह बनाते हैं। ये झुकाव कमज़ोरी नहीं, बल्कि आत्मिक परिपक्वता का चिह्न है।

अभ्यास: अहंकार से ऊपर उठने के कुछ तरीके

1. सचेत ठहराव

जब भी आप बहस या चोट की स्थिति में हों, तुरंत प्रतिक्रिया न दें।

एक गहरी सांस लें और स्वयं से पूछें:

"क्या यह मेरा स्वाभिमान बोल रहा है या मेरा अहम?"

"क्या इस समय प्रेम की प्रतिक्रिया ज़्यादा ज़रूरी है या जीत की?"

2. स्व-निरीक्षण ध्यान (Reflection Meditation):

दिन के अंत में कुछ समय अकेले बैठें और सोचें कि आज किन क्षणों में अहंकार ने निर्णय लिया ? उन्हें प्रेम से पहचानें, और अगली बार उन्हें शांति से बदलने का संकल्प लें।

3. प्रार्थना या संकल्प:

प्रतिदिन सुबह कहें:

- मैं अपने रिश्तों में प्रेम को अहम से बड़ा मानता हूँ।
- मै तुमसे प्यार करता हूँ

उदाहरणात्मक स्थिति:

मान लीजिए किसी नज़दीकी व्यक्ति ने आपकी बात काट दी या आपकी उपेक्षा कर दी।

अहम का जवाब: "इसकी ऐसी हिम्मत? अब मैं भी इसे नजरअंदाज़ करूंगा।"

आध्यात्मिक जवाब: "शायद उसने ऐसा अनजाने में किया। मेरा स्नेह स्थिर रह सकता है।"

क्रिया: उसे प्रेम से देखिए। सही समय पर शांत भाव से बात करिए।

लाभ (Benefits):

- रिश्तों में संघर्ष की संभावना घटती है।
- आप भीतरी तौर पर शांति अनुभव करते हैं।
- छोटी बातें रिश्ते को नहीं बिगाड़तीं।
- सामने वाला व्यक्ति भी आपके प्रेम से प्रभावित होकर विनम्रता सीख सकता है।

निष्कर्ष:

"जहाँ प्रेम है, वहाँ अहंकार नहीं टिकता - और जहाँ अहंकार है, वहाँ प्रेम नहीं पनपता।" रिश्तों को पोषित करने के लिए कभी-कभी हमें अपनी सही बात को भी छोड़ना पड़ता है - सिर्फ इसलिए कि सामने वाला हमारे प्रेम की भाषा समझ सके।

4. साझा उद्देश्य (Shared Purpose in Spiritual Relationships)

साझा उद्देश्य का मतलब है —

"हम दोनों एक-दूसरे की आत्मिक यात्रा में सहयात्री हैं।"

ये उद्देश्य कोई धार्मिक मत, पूजा-पद्धति या परंपरा से जुड़ा ही हो, यह ज़रूरी नहीं।

यह उद्देश्य हो सकता है:

एक-दूसरे को बेहतर इंसान बनाना,

मिलकर कुछ सकारात्मक सेवा करना,

मानसिक और भावनात्मक विकास में एक-दूसरे का सहयोग देना।

ऐसे रिश्तों की विशेषताएँ:

1. रिश्ता सिर्फ भावनाओं तक सीमित नहीं होता, उसमें गहराई होती है।

2. दोनों व्यक्ति एक-दूसरे की आत्मा के विकास में योगदान देते हैं।

3. रिश्ते में केवल "तुम मेरे लिए क्या कर सकते हो" नहीं होता, बल्कि "हम साथ मिलकर दुनिया के लिए क्या कर सकते हैं" जैसा भाव होता है।

अभ्यास: साझा उद्देश्य को जीवित रखने के उपाय

1. साथ में साधना (Spiritual Practice Together):

हर दिन कुछ मिनट एक साथ ध्यान करें। यह किसी भी सरल ध्यान पद्धति से हो सकता है—मंत्र ध्यान, मौन ध्यान, या सिर्फ साथ बैठकर साँसों का अवलोकन। इससे दोनों की ऊर्जा जुड़ती है और अंतर्मन शांत होता है।

2. प्रकृति में समय बिताना:

पेड़ों के नीचे बैठना, नदियों के किनारे चलना या चुपचाप आकाश को देखना — ये अनुभव सिर्फ शारीरिक नहीं, आत्मिक जुड़ाव को बढ़ाते हैं।

प्रकृति स्वयं एक गुरु है, और जब आप साथ में उसकी उपस्थिति में होते हैं, तो संवाद मौन में गहराता है।

3. गहन बातचीत (Deep Conversations):

नियमित रूप से एक-दूसरे से ऐसे प्रश्नों पर बात करें: \n

"तुम्हारी आत्मा को इस समय क्या चाहिए?"

"क्या कोई ऐसी आदत है जिसमें मैं तुम्हारी मदद कर सकता/सकती हूँ?"

"क्या हम मिलकर कोई सेवा या प्रोजेक्ट कर सकते हैं?"

4. साझा लक्ष्य बनाना:

जैसे: हर महीने किसी ज़रूरतमंद की मदद करना, किसी किताब को साथ पढ़ना, या किसी आध्यात्मिक पाठ को मिलकर समझना।

उदाहरण:

एक दंपति हर रविवार साथ बैठकर 10 मिनट मौन ध्यान करते हैं, और फिर बिना किसी आरोप या अपेक्षा के एक-दूसरे से यह पूछते हैं — "इस हफ्ते मैंने तुम्हें कितना स्पेस और प्रेम दिया?"

दो मित्र महीने में एक दिन वृद्धाश्रम में समय बिताते हैं, और इस सेवा के ज़रिए अपना बंधन और भी गहरा महसूस करते हैं।

लाभ (Benefits):

रिश्ते में उद्देश्य आता है, सिर्फ दिनचर्या नहीं।

एक-दूसरे के प्रति गहरा सम्मान और प्रेरणा जागती है।

भावनात्मक सुरक्षा और मानसिक स्पष्टता मिलती है।

दोनों के बीच 'मैं और तुम' से हटकर 'हम' की चेतना विकसित होती है।

निष्कर्ष:

"जहाँ दो आत्माएँ मिलकर किसी उच्च उद्देश्य के लिए साथ बढ़ती हैं, वहाँ रिश्ता केवल साथ रहने का नहीं, साथ जागने का माध्यम बनता है।"

रिश्ते जब आध्यात्मिक सहयोग बन जाते हैं, तब वे जीवन की कठिनाइयों में ढाल और शांति दोनों बन जाते हैं।

5. 5-मिनट की साधना रिश्तों के लिए (5-Minute Practice for Spiritual Bonding)

उद्देश्य:

बाहरी संवाद से हटकर भीतर जुड़ने का अभ्यास।

एक-दूसरे की ऊर्जा को मौन, श्वास और शुभकामना के माध्यम से महसूस करना।

कैसे करें — चरण-दर-चरण निर्देश:

1. शांत स्थान चुनें:

एक ऐसी जगह जहाँ आप दोनों बिना रुकावट और ध्यान भटकने के बैठ सकें।

मोबाइल, टीवी, और अन्य distractions को बंद कर दें।

2. आमने-सामने बैठें:

ज़मीन पर या कुर्सी पर आराम से बैठें।

आँखों में आँखें डालकर कुछ पल मौन रहें, फिर आँखें बंद करें।

3. 5 मिनट की सामूहिक श्वास:

दोनों व्यक्ति धीरे-धीरे एक ही लय में सांस लें — गहराई से अंदर, फिर बाहर।

चाहें तो एक सरल साँस गिनती रखें:

"1-2-3" में सांस अंदर,

"1-2-3" में सांस बाहर।

फोकस रखें: "हम एक साथ श्वास ले रहे हैं, हम एक ही ऊर्जा में हैं।"

4. एक-दूसरे की उपस्थिति को महसूस करें:

इस मौन में, सामने वाले की ऊर्जा, शांति, और प्रेम को महसूस करने की कोशिश करें।

बिना किसी अपेक्षा के — केवल मौन, जागरूकता और जुड़ाव।

5. अंत में शुभकामना (Loving Wish):

आँखें बंद रखते हुए मन ही मन यह कहें:

"तुम्हें शांति मिले, तुम्हें प्रेम मिले, तुम्हारा जीवन सुंदर हो।"

चाहें तो यह वाक्य दोनों साथ में कह सकते हैं।

6. आँखें खोलें और मुस्कराएँ:

अभ्यास के अंत में धीरे से आँखें खोलें और एक-दूसरे को देख मुस्कराएँ।

यह मौन की मुस्कान रिश्ता कहती है: "मैं तुम्हारी आत्मा को देखता हूँ।"

इस अभ्यास के लाभ (Benefits):

तनाव और गलतफहमियाँ कम होती हैं।

मौन में संवाद की गहराई बढ़ती है।

रिश्तों में एक नई ऊर्जा और ताज़गी आती है।

एक-दूसरे को समझे जाने का अनुभव मिलता है — बिना शब्दों के।

कब करें?

सुबह दिन की शुरुआत में।

किसी बहस या मनमुटाव के बाद।

सप्ताह में कम से कम एक बार ज़रूर।

निष्कर्ष:

"5 मिनट का मौन — शब्दों से ज़्यादा कह सकता है।"

जब दो लोग मिलकर एक साथ साँस लेते हैं, मौन में रहते हैं, और शुभकामना देते हैं — तब वह रिश्ता केवल संवाद नहीं, साधना बन जाता है।

आध्यात्मिक संचार तकनीकें

आध्यात्मिक संचार तकनीकें

(Spiritual Communication Techniques in Relationships)

परिचय:

संचार यानी "बातचीत" सिर्फ शब्दों का आदान-प्रदान नहीं है।

सच्चा संचार वह है जहाँ दो हृदय, दो चेतनाएँ एक दूसरे से जुड़ती हैं — बिना किसी डर, दबाव या अपेक्षा के।

आध्यात्मिक संचार का अर्थ है:

"ऐसा संवाद जो आत्मा से आत्मा तक पहुँचे, और दोनों व्यक्तियों के भीतर प्रेम, करुणा और स्पष्टता का प्रवाह लाए।"

यह संचार कई स्तरों पर होता है — शब्दों से, मौन से, ऊर्जा से, और उपस्थिति से।

मुख्य आध्यात्मिक संचार तकनीकें:

11. मौन की शक्ति (The Power of Silence) –

हम अक्सर मानते हैं कि संवाद का मतलब होता है — कुछ कहना, शब्दों में अपनी बात रखना। लेकिन आध्यात्मिक संवाद की पहली और सबसे गहन भाषा "मौन" है। मौन केवल चुप रहना नहीं है; यह एक जीवंत उपस्थिति है जिसमें आत्माएं एक-दूसरे से गहराई से जुड़ती हैं।

"मौन वह स्थान है जहाँ शब्द जन्म लेते हैं, और आत्माएं संवाद करती हैं।"

मौन का अर्थ आध्यात्मिक दृष्टि से:

मौन = शांति + उपस्थिति + जागरूकता

यह वह क्षण है जब मन शांत होता है और केवल "अब" में होता है।

मौन हमें हमारी चेतना के गहरे स्तर से जोड़ता है, और जब दो लोग मौन में साथ होते हैं, तो वह केवल चुप्पी नहीं, एक ऊर्जात्मक मिलन (energetic union) बन जाता है।

रिश्तों में मौन का महत्व:

1. शब्दों से परे समझ:

कई बार हम यह नहीं जानते कि हमें क्या कहना है, पर मौन में बैठे-बैठे हम सब कुछ कह देते हैं।

उदाहरण: किसी दुखी प्रियजन के पास बैठकर बस हाथ पकड़ना — यह मौन स्पर्श शब्दों से ज़्यादा सुकून देता है।

2. ऊर्जा का आदान-प्रदान:

मौन में दोनों लोगों की ऊर्जा बिना बाधा के बहती है। यह ऊर्जा संवेदनशीलता, करुणा, और एकत्व लाती है।

3. अहंकार का लोप:

जब हम चुप होते हैं, तो "मैं सही" या "तुम गलत" जैसी मानसिकताएँ घटने लगती हैं। मौन में हम सिर्फ उपस्थित रहते हैं, कोई भूमिका नहीं निभाते।

मौन का अभ्यास: कैसे करें रिश्तों में

1. दैनिक मौन-साधना (Silent Sitting):

हर दिन 5–10 मिनट साथी के साथ मौन बैठें।

एक-दूसरे की आँखों में देखना (गज़िंग) या बस साथ साँस लेना।

बिना किसी लक्ष्य के — सिर्फ साथ होना।

2. संवाद से पहले मौन:

कोई संवेदनशील बात करने से पहले 10–15 सेकंड मौन रखें।

यह मौन आपके भीतर से प्रतिक्रियाशीलता को हटाकर उत्तरदायी ऊर्जा लाता है।

3. मौन से क्षमा:

कभी कोई गलती हो जाए और शब्द न मिलें — बस मौन रहकर आँखों में देखना, हाथ पकड़ना, सिर झुकाना — यह मौन क्षमा अधिक गहराई से छूता है।

मौन के दौरान ध्यान देने योग्य बातें:

मन में विचार आएँगे — उन्हें जाने दें, वापस साथी की उपस्थिति पर लौटें।

मौन में भावनाएँ भी तीव्र हो सकती हैं — उन्हें स्वीकार करें, प्रतिक्रिया न दें।

मौन अभ्यास के बाद चाहें तो साझा करें — "मैंने इस मौन में क्या अनुभव किया।"

उदाहरण:

एक दंपत्ति हर रात सोने से पहले 5 मिनट हाथ थामकर आँखें बंद कर मौन बैठते हैं। वे कहते हैं कि इससे उनका रिश्ता ज़्यादा शांत, गहरा और प्रेममय हो गया है — बिना कुछ बोले।

लाभ (Benefits):

मानसिक स्पष्टता और दिल से जुड़ाव।

झगड़ों और गलतफहमियों की संभावना कम।

आत्मा से आत्मा की उपस्थिति का अनुभव।

मन और संबंध दोनों में शांति का वास।

निष्कर्ष:

"जब शब्द थक जाते हैं, तब मौन बोलता है। और जो मौन में कहा जाता है, वह सदा के लिए आत्मा में गूंजता है।"

रिश्तों में मौन कोई खाली जगह नहीं है, बल्कि वह सबसे पवित्र स्थान है — जहाँ प्रेम बिना आवाज़ के बहता है।

2. मन-पूर्वक सुनना (Mindful Listening)

सुनना एक साधारण क्रिया लगती है, लेकिन आध्यात्मिक रूप से सुनना एक गहरा अभ्यास है।

यह केवल कानों से नहीं, हृदय, चेतना और पूरी उपस्थिति से किया जाता है।

"सुनना, तब आध्यात्मिक होता है जब हम केवल शब्द नहीं, आत्मा की पुकार को सुनते हैं।"

क्या है मन-पूर्वक सुनना?

यह न्याय नहीं करता,

सलाह नहीं देता,

टोकता नहीं,

सिर्फ पूरा ध्यान देकर सामने वाले की बात को अपने भीतर उतरने देता है।

इसमें एक गूढ़ मौन होता है, जो सामने वाले को यह अनुभव कराता है कि —

"मैं तुम्हें पूरी तरह समझने के लिए यहाँ हूँ।"

क्यों ज़रूरी है यह अभ्यास?

अधिकांश रिश्तों में असली समस्या यह होती है कि लोग सुने नहीं जाते, बल्कि जज किए जाते हैं।

जब हम मन-पूर्वक सुनते हैं, तो सामने वाला सुरक्षित महसूस करता है, उसका हृदय खुलता है, और वह अपनी सच्ची भावना व्यक्त कर पाता है।

मन-पूर्वक सुनने के अभ्यास (Practices):

1. मौन से सुनना (Listening Without Interrupting):

जब कोई कुछ कह रहा हो, तब बीच में मत बोलिए।

खुद को शांत रखिए — प्रतिक्रिया देने का मोह छोड़िए।

सिर्फ सुनें... ताकि शब्दों के पीछे की भावना समझ में आए।

"क्या वह दुखी है? डरा हुआ है? अकेला है? इन सवालों को भीतर सुनिए।"

2. आँखों से सुनना (Listening with Eye Contact):

सामने वाले की आँखों में देखें — वहाँ उसकी आत्मा बोलती है।

बिना मोबाइल, टीवी, या ध्यान भटकाने वाले किसी चीज़ के।

3. सलाह नहीं, उपस्थिति दें (Presence Over Solutions):

अधिकतर लोग समाधान नहीं चाहते, वे चाहते हैं कि उन्हें कोई पूरी तरह सुन और समझ ले।

जैसे:

सामने वाला कहे: "आज बहुत थक गया हूँ।"

गलत उत्तर: "अरे तो जल्दी सो जाओ ना।"

मन-पूर्वक उत्तर: (धीरे) "मैं समझ सकता हूँ... दिन कठिन रहा होगा।"

4. "सुनना" का उत्तर मौन में देना:

कभी-कभी सबसे सुंदर उत्तर कोई शब्द नहीं होता, बल्कि मौन में सिर हिलाना, हाथ पकड़ना, या बस साथ बैठना।

मन-पूर्वक सुनने के परिणाम:

रिश्तों में गहराई और भरोसा बढ़ता है।

सामने वाला अधिक खुलकर संवाद करता है।

मन से मन का पुल बनता है।

झगड़ों और गलतफहमियों में मूल भावना तक पहुँचना संभव होता है।

ध्यान रहे:

सुनते समय अपने जवाब की तैयारी न करें — केवल उनके शब्दों के साथ रहें।

हर किसी की बात के पीछे कोई अनकहा सच होता है — उसे सुनने की आंख और दिल बनाइए।

निष्कर्ष:

"सुनना वह कर्म है, जो प्रेम में बदल सकता है — अगर वह पूरे मन से किया जाए।"

"जब आप गहराई से सुनते हैं, तो सामने वाला खुद को सुना नहीं — समझा हुआ महसूस करता है।"

3. ऊर्जात्मक सुनना (Energetic Listening) —

जब हम "सुनना" कहते हैं, तो अक्सर कानों से शब्द पकड़ने की बात करते हैं। लेकिन आध्यात्मिक और भावनात्मक जुड़ाव में एक और गहरा स्तर होता है - जिसे कहते हैं ऊर्जात्मक सुनना। यह वह सुनना है जो केवल शब्दों पर नहीं, बल्कि सामने वाले की ऊर्जा, भावनाओं, और मौन के भीतर छिपे संदेशों को भी पकड़ता है।

"ऊर्जात्मक सुनना वह कला है जहाँ आप किसी को सिर्फ सुनते नहीं, 'महसूस' भी करते हैं।"

ऊर्जात्मक सुनना क्या है?

यह किसी के बोले गए शब्दों के पीछे की ऊर्जा को समझने का अभ्यास है। इसमें हम सामने वाले के शरीर की भाषा, स्वर, चुप्पी और कंपन (vibration) को पढ़ते हैं।

उदाहरण:

अगर कोई कहे "मैं ठीक हूँ", लेकिन आवाज़ भारी हो, आँखें झुकी हों — तो ऊर्जात्मक रूप से वह कह रहा है: "मुझे कुछ ठीक नहीं लग रहा, बस कह नहीं पा रहा।"

कैसे करें ऊर्जात्मक सुनने का अभ्यास?

1. अपनी उपस्थिति संपूर्ण बनाएँ (Be Fully Present):

जब आप किसी को सुनने बैठें, तो:

- अपना फोन दूर रखें
- सांस को शांत करें
- ध्यान को "अब और यहाँ" पर लाएँ
- अपने दिल को खोलें

आपकी यह उपस्थिति ही एक शांत ऊर्जा बनकर, सामने वाले को सहज बनाती है।

2. नज़रों से ऊर्जा पढ़ें (Read Through The Eyes):

आँखें आत्मा का दर्पण होती हैं।

शब्द जो नहीं कह पाते, आँखें वह कह देती हैं।

जब आप ध्यानपूर्वक देखना सीखते हैं, तो आप भीतर के दर्द, उलझन या प्रेम को बिना शब्दों के महसूस करते हैं।

3. स्वर और गति पर ध्यान दें (Tone & Pace):

क्या सामने वाला बहुत जल्दी बोल रहा है? इसका अर्थ हो सकता है — बेचैनी।

क्या आवाज़ धीमी और रुकी-रुकी है? यह उदासी या थकावट हो सकती है।

स्वर की कठोरता, कोमलता, कंपन — यह सब उसकी ऊर्जा की स्थिति दर्शाते हैं।

4. मौन को सुनें (Listen To The Silence):

कई बार जो न कहा गया हो, वह सबसे महत्वपूर्ण संदेश होता है।

ऊर्जात्मक सुनना मौन में भी "सुन" सकता है:

"वह कुछ छिपा रहा है?"

"वह कुछ कहना चाहता है लेकिन डर रहा है?"

"वह मेरी उपस्थिति को सुरक्षित महसूस कर रहा है या नहीं?"

5. अपनी ऊर्जा का ध्यान रखें (Clean Your Own Space):

अगर आप खुद परेशान, व्याकुल या आलोचनात्मक मन में हैं — तो आप सही ऊर्जा पकड़ नहीं पाएँगे। इसलिए, ऊर्जात्मक सुनने से पहले: कुछ मिनट गहरी साँस लें अपने मन को शांत करें

यह नीयत बनाएँ:

"मैं तुम्हें बिना जज किए पूरी तरह सुनने के लिए उपस्थित हूँ।"

लाभ (Benefits):

सामने वाला व्यक्ति खुद को वास्तव में समझा हुआ महसूस करता है।

गहरी बातें बिना बोले ही स्पष्ट हो जाती हैं।

रिश्तों में अदृश्य परतें हटती हैं — और आत्मिक जुड़ाव प्रकट होता है।

झगड़े, गलतफहमियाँ और भावनात्मक दूरी धीरे-धीरे घटने लगती है।

निष्कर्ष:

"जब आप ऊर्जात्मक रूप से सुनते हैं, तो आप केवल शब्द नहीं सुनते — आप किसी की आत्मा की धड़कनें सुनते हैं।"

"शब्द भूल सकते हैं, पर ऊर्जा सच्ची होती है — वह हमेशा सच बोलती है।"

4. करुणामय उत्तर देना (Compassionate Responding)

सुनना जितना महत्वपूर्ण है, उतना ही ज़रूरी है — कैसे उत्तर दें।

एक उत्तर व्यक्ति को या तो खुला और सुरक्षित महसूस करा सकता है, या अकेला और असहज भी।

"करुणामय उत्तर देना" का अर्थ है —

उत्तर ऐसा देना जिसमें समझ, संवेदना और बिना निर्णय के प्रेम हो।

"कभी-कभी सही उत्तर कोई सलाह नहीं, बल्कि एक कोमल भावना होती है जो कहती है — 'मैं तुम्हारे साथ हूँ।'"

करुणा से उत्तर देने की कला:

1. प्रतिक्रिया नहीं, सहानुभूति दें (Don't React, Respond With Empathy):

कोई अपनी तकलीफ बता रहा हो, तो तुरंत समाधान देने की जगह कुछ क्षण मौन रहें।

फिर कोमलता से कहें:

"मैं समझ सकता हूँ ये कितना कठिन रहा होगा।"

"मैं महसूस कर पा रहा हूँ कि ये तुम्हारे लिए आसान नहीं है।"

नोट: यहाँ "समझना" बातों को तौलना नहीं है — यह दिल से महसूस करना है।

2. निर्णय न दें (No Judgement):

"तुम्हें ऐसा नहीं करना चाहिए था",

"तुम्हारी ही गलती है" —

ये वाक्य सामने वाले को और टूटने देते हैं।

करुणा कहती है:

"हम सब इंसान हैं। गलती हो सकती है। मैं तुम्हें समझने के लिए यहाँ हूँ, जज करने के लिए नहीं।"

3. मौन भी उत्तर हो सकता है (Silence As A Sacred Response):

कुछ स्थितियों में शब्द कम पड़ जाते हैं।

तब मौन में साथ बैठना, हाथ पकड़ना या सिर्फ आँखों से संवाद कर लेना — यही सबसे करुणामय उत्तर होता है।

4. प्रश्नों के ज़रिए गहराई में उतरें:

सीधे समाधान न देकर, ऐसे कोमल प्रश्न पूछें जो उन्हें स्वयं भीतर झाँकने दें:

"तुम्हें क्या सबसे ज़्यादा तकलीफ दे रहा है इस समय?"

"इस समय तुम्हें क्या चाहिए — जवाब, या बस कोई साथ?"

यह सामने वाले को अपने भावों को खोलने में मदद करता है।

5. प्रेम से स्पर्श करें (Loving Gestures):

करुणा सिर्फ शब्दों में नहीं, व्यवहार में भी होती है:

- एक हल्का स्पर्श,
- पानी लाकर देना,
- उनके लिए कुछ चुपचाप करना।

ये सब "मैं तुम्हारा दर्द देख रहा हूँ और तुम्हारे साथ हूँ" का गहरा संदेश होते हैं।

लाभ (Benefits):

- सामने वाला व्यक्ति टूटने के बजाय धीरे-धीरे चंगा (heal) होने लगता है।
- रिश्ते में विश्वास, सम्मान और भावनात्मक गहराई बढ़ती है।

जब करुणा से उत्तर मिलता है, तो अहंकार पिघलता है, और आत्मा खुलती है।

करुणामय उत्तर देने का अभ्यास कैसे करें?

1. जब कोई बात कहे, तो गहरी साँस लेकर सुनें।
2. सोचें — क्या यह व्यक्ति अभी सलाह चाहता है, या सिर्फ कोई साथ चाहिए?
3. शब्दों से पहले दिल की भाषा में उत्तर दें।
4. हर उत्तर में यह भावना रखिए —

"मैं यहाँ हूँ। मैं तुम्हें देख रहा हूँ। तुम अकेले नहीं हो।"

निष्कर्ष:

- "करुणा वह सेतु है, जो दो आत्माओं को जोड़ता है — बिना किसी अपेक्षा, बिना किसी शर्त।"
- "जब हम प्रेम से उत्तर देते हैं, तो सिर्फ शब्द नहीं, पूरी उपस्थिति सामने वाले को ढक लेती है।"

5. रिश्तों में ऊर्जाओं की रक्षा (Energy Boundaries in Relationships) —

रिश्तों में आध्यात्मिक जुड़ाव तभी फलता-फूलता है जब हम अपनी ऊर्जा की रक्षा करना जानते हैं।

हर इंसान की अपनी एक ऊर्जा सीमा होती है — जहां तक वह सहज महसूस करता है।

जब ये सीमाएँ पार हो जाती हैं, तब हम थकान, चिड़चिड़ापन, भ्रम, या भावनात्मक डूब का अनुभव करते हैं।

"जैसे शरीर की सुरक्षा के लिए त्वचा होती है, वैसे ही आत्मा की सुरक्षा के लिए ऊर्जा की सीमाएँ होती हैं।"

ऊर्जात्मक सीमा (Energy Boundary) क्या है?

यह एक अदृश्य परिधि है जो आपकी मानसिक, भावनात्मक और आध्यात्मिक ऊर्जा की रक्षा करती है। यह तय करती है कि कौन-सी ऊर्जा अंदर आ सकती है, कौन-सी बाहर रहनी चाहिए और आप कब "ना" कह सकते हैं।

क्यों ज़रूरी है यह?

आध्यात्मिक लोग अक्सर बहुत संवेदनशील होते हैं।

वे दूसरों के दुख, चिंता या क्रोध को खुद पर ओढ़ लेते हैं — यह करुणा नहीं, ऊर्जात्मक बोझ है।

सीमाएँ बनाना स्वार्थ नहीं, आत्मिक बुद्धिमत्ता है।

ऊर्जाओं की रक्षा कैसे करें?

1. अपनी ऊर्जा को रोज़ महसूस करें (Daily Energy Check-In):

दिन में कुछ बार आँखें बंद करें और खुद से पूछें:

- "मैं कैसा महसूस कर रहा हूँ?"
- "क्या यह मेरी ऊर्जा है, या किसी और की?"
- "क्या मैं सहज हूँ या भारीपन है?"

यह अभ्यास आपको तुरंत बता देगा कि आपने कहाँ ऊर्जा खो दी है।

2. "ना" कहना सीखें — प्रेमपूर्वक (Say No With Love):

अगर कोई बार-बार आपकी ऊर्जा खींच रहा हो, तो स्पष्ट लेकिन नम्र "ना" कहें:

- "मुझे अभी थोड़ा समय चाहिए recharge करने के लिए।"
- "अभी मैं खुद से जुड़ रहा हूँ, हम बाद में बात करें क्या?"

3. ऊर्जा संरक्षण तकनीकें (Protection Techniques):

i. विज़ुअलाइज़ेशन ढाल (Energy Shield Visualization):

आँखें बंद कर के कल्पना करें कि आपके चारों ओर एक सुनहरी प्रकाश की परत है जो नकारात्मक ऊर्जा को दूर रखती है।

यह अभ्यास सुबह या भीड़-भाड़ वाले माहौल में विशेष रूप से उपयोगी होता है।

ii. "ग्राउंडिंग" अभ्यास:

पेड़ों के नीचे बैठें, नंगे पाँव ज़मीन पर चलें, या सिर्फ ध्यान के साथ यह सोचें:

- "मैं पृथ्वी से जुड़ा हूँ। मैं स्थिर और सुरक्षित हूँ।"

4. आत्म-जागरूक सीमाएँ (Spiritual Boundaries In Action):

जब कोई भावनात्मक रूप से आपको हानि पहुँचा रहा हो — तो उससे दूर रहना भी एक आध्यात्मिक अभ्यास है।

आप प्रेम के साथ दूरी बना सकते हैं।

"मैं तुम्हें सम्मान देता हूँ, लेकिन मुझे अपनी ऊर्जा की रक्षा करनी है।"

लाभ (Benefits):

- आप दूसरों की मदद करते हुए खुद को खोते नहीं।
- थकान और चिंता कम होती है।
- आत्म-प्रेम और आत्म-सम्मान गहराता है।
- आपकी उपस्थिति और अधिक स्पष्ट, सशक्त और शांत हो जाती है।

निष्कर्ष:

"सीमाएँ दीवारें नहीं होतीं, यह द्वार होते हैं — यह तय करने के लिए कि क्या भीतर आए और क्या बाहर रहे।"

"ऊर्जा की रक्षा करना स्वार्थ नहीं, सेवा है — अपने आपसे और दूसरों से।"

6. रिश्तों में आत्मिक सेवा (Spiritual Service in Relationships)

जब हम रिश्तों को केवल जरूरतों या सामाजिक भूमिकाओं के रूप में देखते हैं, तो वे सीमित हो जाते हैं। लेकिन जब हम रिश्तों को आत्मिक सेवा का माध्यम मानते हैं, तो वे पवित्र हो जाते हैं।

"आत्मिक सेवा" का अर्थ है —

अपने संबंध में इस भावना से जुड़ना कि मैं तुम्हारे आत्मविकास में सहयोगी बनूँ, और तुम मेरे बनो।

"रिश्तों का असली उद्देश्य केवल सुख देना नहीं, आत्मा को विकसित करना है।"

आत्मिक सेवा क्या है?

यह सेवा त्याग या बलिदान नहीं है, बल्कि प्रेम का सचेत, आनंदमय अभ्यास है। इसमें आप:

- बिना अपेक्षा के प्यार करते हैं
- सामने वाले की आत्मा की यात्रा को सम्मान देते हैं
- उनके आंतरिक विकास में साथी बनते हैं, गाइड नहीं

रिश्तों में आत्मिक सेवा के रूप:

1. सहयोग, लेकिन बिना नियंत्रण के हर आत्मा का रास्ता अलग है।

किसी को सही राह दिखाना तब सार्थक होता है जब आप उस पर थोपते नहीं, बल्कि साथ चलते हैं।

उदाहरण: यदि आपका साथी ध्यान नहीं करता, तो उसे मजबूर न करें — बल्कि खुद नियमित साधना करें। उसकी ऊर्जा को देखकर वह प्रेरित होगा।

2. कठिन समय में मौन सहारा देना

जब कोई अपने जीवन के संघर्ष में हो, तो आत्मिक सेवा का अर्थ होता है: उसकी पीड़ा में उतर जाना, बिना उसे बदलने की जल्दी किए यह कहना: "मैं तेरे साथ हूँ, जैसा तू है, वैसा ही।"

3. रोज़मर्रा के कामों को पवित्र कर्म मानना

किसी के लिए खाना बनाना, बर्तन धोना, या मदद करना — यह भी आध्यात्मिक सेवा है अगर भाव सही हो।

जैसे: "मैं यह भोजन प्रेम से बना रहा हूँ ताकि हमारा संबंध भी पोषित हो।"

4. सच्चाई और करुणा से संवाद करना

आत्मिक सेवा में आप सामने वाले से साफ़-साफ़ और कोमलता से बात करते हैं।

जब आप असहमति भी इस नीयत से प्रकट करते हैं कि "हम दोनों और अच्छे इंसान बनें" — तब वह संवाद सेवा बन जाता है।

5. हर दिन एक छोटा सा प्रेम कर्म

आत्मिक सेवा का मतलब है, हर दिन कुछ ऐसा करना जिससे सामने वाले की आत्मा को स्नेह और सम्मान मिले:

- एक शुभकामना देना
- उनकी आँखों में देख कर "मैं तुम्हें देखता हूँ" कहना
- उनके संघर्ष की सराहना करना

लाभ :

- रिश्तों में गहराई आती है — जो समय या परिस्थिति से नहीं टूटती
- दोनों लोग आंतरिक रूप से विकसित होते हैं
- रिश्ते में अहंकार की जगह विनम्रता, और अपेक्षा की जगह अनुग्रह आ जाता है
- हर दिन एक पवित्र अभ्यास बन जाता है

निष्कर्ष:

- "आध्यात्मिक सेवा में देने वाला भी समृद्ध होता है, और लेने वाला भी मुक्त।"
- "रिश्ते जब आत्मा की भाषा बोलते हैं, तो वे तपस्या नहीं, प्रार्थना बन जाते हैं।"

7. साझा साधना (Couple/Family Spiritual Practices)

साथ में साधना, साथ में शांति

रिश्ते में साथ समय बिताना तो आम बात है, पर साथ में आध्यात्मिक रूप से जुड़ना — यह बहुत खास होता है।

"साझा साधना" यानी दो या अधिक लोग — पति-पत्नी, माता-पिता-बच्चे, या मित्र - आत्मिक विकास के लिए मिलकर कोई आध्यात्मिक अभ्यास करें।

"जब दो आत्माएँ एक साथ भीतर की यात्रा पर निकलती हैं, तो उनका संबंध केवल सांसारिक नहीं, दिव्य हो जाता है।"

साझा साधना क्यों ज़रूरी है?

यह सिर्फ एक साथ ध्यान करना नहीं, बल्कि साथ में सच्चे अर्थों में जीना है। जहां हर क्षण एक साधना बन जाए।

इससे रिश्तों में:

- गहराई आती है
- संघर्षों में समझ बढ़ती है
- अहंकार की बजाय विनम्रता आती है
- दोनों एक-दूसरे के साक्षी और सहयात्री बनते हैं

साझा साधना के 5 सरल और प्रभावी रूप:

1. साथ में मौन ध्यान (Silent Sitting):

प्रयोग: दिन की शुरुआत या अंत में, 5-15 मिनट साथ बैठें — बिना कुछ बोले, बस साँसों को महसूस करते हुए।

लाभ: ऊर्जा का सामंजस्य बनता है, और मन की हलचल शिथिल होती है।

2. "ध्यानपूर्वक देखना और सुनना" (Mindful Presence):

एक-दूसरे की आँखों में कुछ मिनट शांत बैठकर देखें। कोई शब्द नहीं।

यह अभ्यास मन को नहीं, दिल को जोड़ता है।

धीरे-धीरे आप महसूस करेंगे कि आप सिर्फ शरीर नहीं, बल्कि प्रकाश और प्रेम का प्रवाह हैं।

3. साझा प्रार्थना या मंत्र (Chant Together):

"ॐ", "शांति मंत्र", या कोई सरल स्तुति — जो दोनों को पसंद हो — रोज़ 5 मिनट साथ जपें।

यह साझा कंपन/नाद (vibration) को सशक्त करता है।

4. आत्म-संवाद (Sacred Conversation):

एक दिन तय करें, जहाँ आप दोनों सिर्फ ये प्रश्न एक-दूसरे से पूछें:

- इस हफ्ते तुम्हारी आत्मा ने क्या अनुभव किया?
- किस चीज़ ने तुम्हें भीतर छुआ?
- तुम इस समय सबसे ज़्यादा किस बात के लिए आभारी हो?

यह वार्तालाप रिश्ते को सिर्फ व्यावहारिक नहीं, आध्यात्मिक संवाद में बदल देता है।

5. प्रकृति में साथ चलना (Sacred Walk):

एक साथ बग़ीचे, जंगल या नदी किनारे जाएँ। ज़ोर-ज़ोर से बात नहीं, बल्कि शांत चलना, हर पेड़-पत्ता को देखना, महसूस करना। यह प्रकृति की उपस्थिति में रिश्तों को शुद्ध करता है।

बच्चों के साथ साझा साधना कैसे करें?

रोज़ रात सोने से पहले 1 मिनट कृतज्ञता ध्यान (Gratitude Practice) करें:

- आज किस बात के लिए आभार है?
- उनके साथ मन में शुभकामना जपें
- सभी बच्चे सुरक्षित, प्रसन्न और मुक्त रहें।

लाभ :

- रिश्ते बोझ नहीं, भक्ति बनते हैं।

- एक गहरा, शांत विश्वास विकसित होता है।
- साथ रहने की आदत नहीं, अस्तित्व का मेल हो जाता है।
- संघर्षों में भी एक मौन समझ बनी रहती है।

निष्कर्ष:

"जो साथ साधना करते हैं, वे केवल एक-दूसरे से नहीं, परमात्मा से भी जुड़ते हैं।"

"साझा साधना से संबंध, एक प्रार्थना बन जाते हैं — चलती-फिरती पूजा।"

"मैं" भाषा का प्रयोग (Using "I" Statements)

जब संवाद आत्मा से हो, तो भाषा भी जागरूक होनी चाहिए। रिश्तों में अक्सर समस्याएँ बातों के तरीके से पैदा होती हैं, बातों की वस्तु से नहीं। जब हम बात करते हैं तो अनजाने में ऐसा बोल जाते हैं जो सामने वाले को घायल कर देता है — भले ही हमारा इरादा ऐसा न हो।

आध्यात्मिक संचार हमें सिखाता है कि संवाद दोषारोपण का नहीं, संवेदनशीलता का होना चाहिए। "'मैं' भाषा आत्मा की भाषा है - जहाँ हम खुद की ज़िम्मेदारी लेते हैं, और दूसरे को सम्मान देते हैं।"

"मैं" भाषा क्या है?

यह एक संचार शैली है जिसमें हम अपनी भावनाओं, अनुभवों और ज़रूरतों को स्वयं की दृष्टि से प्रकट करते हैं — बिना किसी पर दोष डाले।

उदाहरण:

✗ "तुम मुझे कभी नहीं समझते।"

✓ "जब मैं कुछ साझा करता हूँ और प्रतिक्रिया नहीं मिलती, तो मैं थोड़ा अकेला महसूस करता हूँ।"

"मैं" भाषा के 4 भाग:

1. घटना का वर्णन (Observation):

“जब ऐसा होता है…”

2. भावना का इज़हार (Feeling):

“मैं ऐसा महसूस करता हूँ…”

3. जरूरत को पहचानना (Need):

“क्योंकि मुझे ज़रूरत होती है…”

4. निवेदन (Request):

“क्या हम यह कोशिश कर सकते हैं…?”

उदाहरण:

“जब हम बिना बोले दिन बिताते हैं, तो मैं अकेलापन महसूस करता हूँ, क्योंकि मुझे जुड़ाव और संवाद की ज़रूरत होती है। क्या हम शाम को साथ बैठकर 10 मिनट बात कर सकते हैं?”

"तुम" भाषा की जगह "मैं" भाषा क्यों?

"तुम" भाषा आरोप है।

"मैं" भाषा आत्म-जागरूकता है।

लाभ :

- बातचीत में रक्षा-भावना कम होती है
- सामने वाला सुनता है, लड़ता नहीं
- भावनात्मक ईमानदारी आती है
- रिश्ता नकारात्मक ऊर्जा से मुक्त होता है
- विश्वास और करुणा बढ़ती है

आध्यात्मिक दृष्टि से क्यों ज़रूरी है?

- जब हम "मैं" बोलते हैं, तो हम जिम्मेदारी लेते हैं - अपनी भावनाओं और प्रतिक्रियाओं की।
- यह हमें वर्तमान में रखता है, और अहंकार की भाषा से बचाता है।

आध्यात्मिक संवाद का मूल है:

"मैं खुद को जानता हूँ, इसलिए तुम्हें समझने की कोशिश कर सकता हूँ।"

अभ्यास कैसे करें?

1. हर बार जब भावनाएँ तीव्र हों, तो रुकें।

एक गहरी साँस लें, और सोचें:

"मुझे इस समय क्या महसूस हो रहा है? और मैं क्यों ऐसा महसूस कर रहा हूँ?"

2. "तुम" शब्द की जगह "मैं" को रखें।

3. अपने शब्दों को कोमलता से आकार दें।

ध्यान रहे — यह अभ्यास है। शुरू में कठिन लग सकता है, पर हर बार आप थोड़े और सचेत बनते हैं।

निष्कर्ष:

"मैं" भाषा से हम सच्चाई को ज़िम्मेदारी के साथ व्यक्त करते हैं।

यह एक ऐसी भाषा है जहाँ प्रेम, समझ और आत्मिक परिपक्वता एक साथ बहती है।

4. ऊर्जात्मक उपस्थिति (Energetic Presence) का अर्थ केवल शारीरिक रूप से उपस्थित होना नहीं है, बल्कि उस ऊर्जा के स्तर से है जो हम अपने साथ लाते हैं। यह ऊर्जा हमारे विचारों, भावनाओं और आंतरिक स्थिति का प्रतिबिंब होती है, और यह दूसरों को गहराई से प्रभावित कर सकती है — चाहे हम कुछ बोलें या नहीं।

यहां विस्तार से समझते हैं:

1. ऊर्जा का संचार: शब्दों से परे संवाद

हमारा शरीर, हमारी आँखें, हमारी उपस्थिति — यह सब एक प्रकार की ऊर्जा उत्सर्जित करते हैं। जब हम किसी व्यक्ति के पास होते हैं, तो केवल हमारी बातें नहीं, बल्कि हमारी ऊर्जा भी उस व्यक्ति को महसूस होती है।

उदाहरण के लिए:

अगर आप क्रोधित हैं लेकिन मुस्कुरा रहे हैं, तो सामने वाला व्यक्ति आपकी मुस्कान से अधिक आपकी आंतरिक बेचैनी को महसूस करेगा।

यदि आप शांत, स्नेहपूर्ण और खुले हृदय से किसी से मिलते हैं, तो आपकी उपस्थिति ही उन्हें सुकून दे सकती है — बिना एक शब्द कहे।

2. शांत और करुणामयी ऊर्जा का प्रभाव

जब आप अपने भीतर शांति, सहानुभूति और स्वीकृति की भावना रखते हैं, तो आप एक "सुरक्षित स्थान" बन जाते हैं जहाँ अन्य लोग सहज महसूस करते हैं। ऐसे लोग: दूसरों को सुने (बिना जज किए), अपनी पूरी उपस्थिति के साथ सामने वाले के अनुभव को स्वीकार करते हैं, अपने भीतर की स्थिरता के कारण दूसरों के तूफानों को भी सह सकते हैं।

यह ऊर्जात्मक उपस्थिति ही रिश्तों में गहराई लाती है।

3. ऊर्जात्मक उपस्थिति विकसित कैसे करें?

ध्यान और आत्मचिंतन: खुद से जुड़ें, अपने विचारों और भावनाओं को समझें।

स्वीकार करना सीखें: अपने और दूसरों के अनुभवों को बिना आलोचना के स्वीकार करें।

सक्रिय सुनना: केवल कानों से नहीं, दिल से सुनें।

सचेत रहना: हर पल यह जानने का प्रयास करें कि आप कैसी ऊर्जा लेकर चल रहे हैं।

4. एक उदाहरण के रूप में सोचें:

एक बच्चा रो रहा है। दो लोग उसके पास जाते हैं:

पहला व्यक्ति कहता है, "चुप हो जाओ, रोना बंद करो।"

दूसरा व्यक्ति कुछ नहीं कहता, बस शांत भाव से बच्चे के पास बैठता है, उसकी पीठ सहलाता है।

संभवतः बच्चा दूसरे व्यक्ति के पास जल्दी शांत हो जाएगा — क्योंकि उसने बिना शब्दों के उस ऊर्जा को महसूस किया जिसे हम करुणा और शांति कहते हैं।

निष्कर्ष:

ऊर्जात्मक उपस्थिति वह मौन भाषा है जिसे दिल समझता है। यह हमारे भीतर की स्थिति का प्रतिबिंब होती है और यही हमें एक अच्छे श्रोता, मार्गदर्शक और साथी बनाती है। यह कोई "करने" की चीज़ नहीं, बल्कि "होने" की अवस्था है — और जब हम इसमें होते हैं, तब ही असली संप्रेषण शुरू होता है।

5. हृदय से संवाद (Heart-to-Heart Expression) एक ऐसा संप्रेषण है जो केवल शब्दों से नहीं, बल्कि भावनाओं की सच्चाई और गहराई से होता है। यह संवाद सिर से नहीं, दिल से होता है — जहाँ तर्क की जगह संवेदना होती है, और औपचारिकता की जगह आत्मीयता।

यह संवाद आध्यात्मिक और भावनात्मक जुड़ाव को गहरा करता है, क्योंकि इसमें व्यक्ति खुद को पूरी तरह प्रकट करता है — बिना किसी मुखौटे के।

1. विचारों की जगह भावनाओं से बोलना

हम अक्सर बातचीत में "मैं सोचता हूँ..." या "मुझे लगता है..." जैसे वाक्य कहते हैं, जो हमारी सोच को दर्शाते हैं। लेकिन जब हम कहें:

"मैं आभारी हूँ..."

"मुझे दुख हुआ..."

"मुझे डर लगता है जब..."

"मैं तुम्हारी उपस्थिति से सुकून महसूस करता हूँ..."

तो हम भावनाओं के स्तर पर संवाद करते हैं। यह सीधे दिल से दिल तक जाता है — जहाँ व्यक्ति खुद को सुना और समझा हुआ महसूस करता है।

2. क्यों ज़रूरी है हृदय से संवाद?

- यह सुरक्षा और अपनापन का भाव देता है।
- रिश्तों में ईमानदारी और पारदर्शिता बढ़ाता है।
- भावनाओं को दबाने की बजाय प्रकट करने की जगह देता है।

यह बताता है: "मैं अपनी सच्चाई के साथ तुम्हारे सामने हूँ।"

3. प्रेम और निकटता को जगाने वाले कुछ वाक्य:

"मैं तुम्हारे साथ सुरक्षित महसूस करता हूँ।"

"तुम्हारे साथ मौन भी मधुर लगता है।"

"जब तुम पास होते हो, तो मेरा दिल शांत हो जाता है।"

"मुझे अच्छा लगता है कि मैं तुम्हारे साथ खुद को जैसा हूँ वैसा रख सकता हूँ।"

"तुम्हारे शब्द नहीं, तुम्हारी उपस्थिति बहुत कुछ कहती है।"

4. कैसे करें दिल से संवाद:

रुकें और महसूस करें: जवाब देने की जल्दी न करें। पहले खुद से जुड़ें कि आप क्या महसूस कर रहे हैं।

खुलकर साझा करें: बिना डर और शर्म के अपनी सच्ची भावनाएँ साझा करें।

सुनना भी उतना ही ज़रूरी है: सामने वाले की भावनाओं को भी बिना जजमेंट के सुनें।

मौन को स्वीकारें: दिल से संवाद हमेशा शब्दों में नहीं होता। कभी-कभी एक मौन आलिंगन, एक दृष्टि, या एक साथ बैठा सन्नाटा ही सबसे गहरा संवाद होता है।

5. एक छोटी सी कहानी:

एक वृद्ध दंपति बगीचे में बैठते थे, रोज़ बिना ज़्यादा बातचीत किए। एक दिन एक नौजवान ने पूछा,

"दादी-दादा, आप दोनों रोज़ साथ होते हैं, पर कुछ कहते नहीं। क्या आपको बात करने की ज़रूरत नहीं होती?"

दादी मुस्कुराई और बोली,

"हम इतने सालों में सीख गए हैं कि सबसे सुंदर बातें अक्सर शब्दों के बिना होती हैं।"

निष्कर्ष:

हृदय से संवाद वह पुल है जो आत्माओं को जोड़ता है। यह हमें मानवीय बनाता है — संवेदनशील, दयालु और ईमानदार। जब हम अपने रिश्तों में यह संवाद लाते हैं, तो वे गहराते हैं, खिलते हैं और हमें भीतर से भर देते हैं।

6. क्षमा और करुणा संवाद (Compassionate Conversations)

ये वह संवाद हैं जो दिल की गहराइयों से निकलते हैं और आत्मा को छूते हैं। जब हम किसी रिश्ते में गलती, पीड़ा या असहमति के क्षणों को करुणा और क्षमा के साथ संभालते हैं, तो वही क्षण एक आध्यात्मिक अवसर में बदल जाते हैं — healing, connection और growth का।

1. प्रतिक्रिया नहीं, करुणा से उत्तर

गलती होना स्वाभाविक है। लेकिन जब कोई हमें चोट पहुँचाता है, हम तुरंत प्रतिक्रिया देते हैं — गुस्से, आलोचना या तिरस्कार से।

करुणा संवाद हमें यह सिखाते हैं कि उस क्षण में थोड़ा रुककर , सामने वाले को समझने की कोशिश करें:

- क्या इस व्यक्ति ने जानबूझकर ऐसा किया?
- इसकी अपनी पीड़ा क्या हो सकती है?
- क्या यह क्षण मुझे प्रेम से उत्तर देने का मौका दे रहा है?

2. क्षमा माँगना: एक साहसिक आत्म-अभिव्यक्ति

क्षमा माँगना कमजोरी नहीं है — यह एक उच्च्च आत्मिक शक्ति का संकेत है। जब हम कहते हैं:

"मुझे खेद है, मेरा इरादा तुम्हें चोट पहुँचाना नहीं था।"

तो हम न सिर्फ़ सामने वाले का सम्मान कर रहे होते हैं, बल्कि अपनी नियत को साफ़ करते हैं। यह संवाद यह दर्शाता है कि मैं जिम्मेदारी लेता हूँ, मुझे अपने शब्दों और कर्मों के प्रभाव की समझ है,और मैं दिल से यह रिश्ता संजोना चाहता हूँ।

3. क्षमा देना: स्वयं को मुक्त करना

किसी को क्षमा करना, दरअसल अपने मन को मुक्त करना है। यह कहना नहीं कि "जो हुआ, ठीक था," बल्कि यह स्वीकार करना है कि:

- मैं तुम्हें तुम्हारी गलती से बड़ा मानता हूँ।
- मैं रिश्ते की अहमियत को चोट से बड़ा मानता हूँ।

संवेदनशील संवाद के कुछ उदाहरण:

- मुझे दुख है कि मेरी बात ने तुम्हें ठेस पहुँचाई।

- मैंने अनजाने में तुम्हारे विश्वास को ठेस पहुँचाई, इसके लिए मैं क्षमाप्रार्थी हूँ।
- तुम्हारी स्थिति समझने की कोशिश करूंगा, क्योंकि मेरा प्रेम तकरार से बड़ा है।

4. करुणा संवाद के गुण:

सुनना बिना जजमेंट के: किसी की पूरी बात सुनना, बिना बीच में टोके।

'मैं' से शुरू करना: "तुमने ऐसा किया..." के बजाय — "मैं ऐसा महसूस करता हूँ..."

उद्देश्य: रिश्ता बनाना, जीतना नहीं।

स्पेस देना: कभी सामने वाले को healing space देना भी compassion है।

5. एक छोटी सी दृष्टांत कथा:

एक गुरु के पास दो शिष्य झगड़ कर आए। एक बोला, "इसने मेरी भावनाओं को ठेस पहुँचाई।"

गुरु मुस्कुराए और बोले,

"तुम दोनों सही हो — क्योंकि जहाँ चोट है, वहाँ संवेदना होनी चाहिए, और जहाँ पछतावा है, वहाँ क्षमा भी हैं।

अब बात नहीं, बस एक-दूसरे की आँखों में देखो और कहो — 'मैं तुम्हारे मन की शांति के लिए मौन हो रहा हूँ।'"

निष्कर्ष:

- करुणा और क्षमा के संवाद रिश्तों को तोड़ने वाले क्षणों को जोड़ने वाले पुल बना सकते हैं।
- यह संवाद केवल मनुष्यों के बीच नहीं, आत्माओं के बीच होते हैं।
- यह वह भाषा है जो प्रेम, समझ और healing को सम्भव बनाती है।

7. संयुक्त ध्यान/प्रार्थना (Shared Spiritual Practices)

जब दो लोग (या एक समूह) साथ में साधना, प्रार्थना या ध्यान करते हैं, तो वे केवल शांति नहीं, बल्कि एक गहरा आध्यात्मिक बंधन भी अनुभव करते हैं। यह बंधन विचारों से परे, ऊर्जा और भावनाओं के स्तर पर जुड़ाव का अनुभव कराता है — और यह संचार को अत्यंत प्रगाढ़ बना देता है।

1. साथ में साधना क्यों?

रिश्तों में अक्सर शब्द कम पड़ जाते हैं। लेकिन जब हम साथ बैठकर मौन साधना, प्रार्थना या सकारात्मक ऊर्जा का संकल्प करते हैं, तो हमारे दिल एक लय में धड़कने लगते हैं।

संयुक्त साधना का प्रभाव:

- आत्माओं का मेल होता है
- एक-दूसरे की ऊर्जा को गहराई से महसूस किया जाता है
- मन शांत होता है, और संवाद सहज हो जाता है
- रिश्तों में स्थिरता और करुणा आती है

2. कुछ सरल और प्रभावशाली साझा साधनाएँ:

a) साँसों पर ध्यान

एक साथ बैठें, आँखें बंद करें।

2-3 मिनट केवल अपनी साँसों को महसूस करें — आने और जाने को।

धीरे-धीरे एक-दूसरे की ऊर्जा से सामंजस्य बनता है।

यह अभ्यास मौन में भी "मैं तुम्हारे साथ हूँ" कहता है।

b) मन्त्र जप

एक साथ कोई मंत्र जपें जैसे "ॐ शांति" या "सोऽहम"।

या अपने रिश्ते के लिए विशेष शब्द — जैसे: "प्रेम, विश्वास, करुणा"।

एक ही लय में मंत्र का कंपन दो हृदयों को जोड़ता है।

c) मौन प्रार्थना

बिना बोले एक-दूसरे के लिए मन ही मन शुभकामना देना:

"तुम सुखी रहो। तुम शांत रहो। मैं तुम्हें स्वीकार करता हूँ जैसे तुम हो।"

d) सकारात्मक संकल्प

मिलकर बोलें:

"हमारा रिश्ता प्रेम, समझ और विश्वास से भरा रहे।"

"हम एक-दूसरे की आत्मा को सम्मान और करुणा से देखें।"

"हम कठिन समय में भी एक-दूसरे का हाथ थामे रहें।"

संकल्पों को साथ में बोलना, रिश्ते को एक पवित्र अनुबंध का रूप देता है।

3. इन अभ्यासों का समय और तरीका

प्रत्येक दिन की शुरुआत या अंत में 5-10 मिनट के लिए करें।

विशेष अवसरों पर (जैसे सालगिरह, व्रत, एक नई शुरुआत) साथ ध्यान करें।

मनमुटाव या दूरी के बाद पुनः जुड़ाव के लिए बहुत प्रभावी।

4. एक आत्मीय क्षण की कल्पना:

कल्पना कीजिए —

आप और आपका प्रियजन मौन में बैठे हैं, दोनों की आँखें बंद हैं।

आप एक मंत्र जप रहे हैं। आपकी साँसें एक लय में हैं।

कोई शब्द नहीं, फिर भी इतना कुछ कहा जा रहा है…

यह संयुक्त ध्यान एक गूढ़ संवाद है — हृदय से हृदय तक।

निष्कर्ष:

संयुक्त साधनाएँ रिश्तों को सतह से गहराई तक ले जाती हैं।

यह सिर्फ आध्यात्मिक अभ्यास नहीं, यह प्रेम का अभ्यास है।

जब दो आत्माएँ साथ साधना करती हैं, तो वे एक दिव्य संवाद में प्रवेश करती हैं - जहाँ मौन ही सबसे ऊँची भाषा बन जाता है।

लाभ (Benefits):

- रिश्तों में भावनात्मक सुरक्षा और पारदर्शिता आती है।
- झगड़े की संभावना घटती है क्योंकि संवाद आत्मा से होता है, अहंकार से नहीं।
- दोनों व्यक्ति एक-दूसरे के सच्चे रूप को पहचानने लगते हैं।
- यह संचार मानसिक नहीं, आत्मिक विकास में सहायक होता है।

1. सक्रिय और संवेदनशील श्रवण

श्रवण (listening) एक कला है — और जब यह सक्रिय और संवेदनशील बन जाए, तो यह सिर्फ संवाद नहीं, एक आध्यात्मिक अनुभव बन जाता है।

यह वह पल होता है जब आप सामने वाले को केवल सुनते नहीं, बल्कि समझते, महसूस करते और स्वीकार करते हैं।

सक्रिय और संवेदनशील श्रवण का अर्थ क्या है?

सक्रिय श्रवण: जब आप पूरी उपस्थिति के साथ सामने वाले की बात को सुनते हैं — बिना बीच में टोकने, बिना दिमाग में जवाब सोचते हुए।

संवेदनशील श्रवण: जब आप उनकी भावनाओं को भी सुनते हैं, उनके शब्दों के पीछे के मनोदशा को पकड़ते हैं।

यह श्रवण न केवल संवाद को बेहतर बनाता है, बल्कि यह एक गहरा भावनात्मक और आध्यात्मिक जुड़ाव भी रचता है।

कैसे करें: व्यावहारिक अभ्यास

a) पूरा ध्यान दें

फोन, टीवी या किसी भी भटकाव को हटा दें।

आँखों में देखिए, सिर हिलाइए, छोटे-छोटे संकेत दीजिए कि आप सुन रहे हैं।

b) रुकें और प्रतिक्रिया देने की जल्दी न करें

किसी बात का जवाब देने से पहले एक पल का मौन रखें।

यह दर्शाता है कि आप बात को पचाने और समझने का प्रयास कर रहे हैं।

c) भावनाओं को पहचानिए

शब्दों के पीछे की भावना को पकड़ने का प्रयास करें: दुख, क्रोध, असुरक्षा, उत्साह?

फिर सहानुभूति से उत्तर दें — जैसे: "मुझे लगता है कि तुम थोड़े थके हुए लग रहे हो, क्या तुम ठीक हो?"

"इस बात ने तुम्हें वाकई परेशान किया, है ना?

d) जजमेंट न करें

सलाह देने या समाधान बताने की जल्दी न करें।

बस मौजूद रहें। कई बार मौन और उपस्थिति ही सबसे गहरी प्रतिक्रिया होती है।

3. आध्यात्मिक तत्व: यह आत्मा का सम्मान है

जब आप संवेदनशील होकर सुनते हैं, तो आप सामने वाले की आत्मा को सुन रहे होते हैं।

यह संवाद को सतही लेवल से हटाकर एक साक्षी भाव की स्थिति में ले आता है, जहाँ आप न केवल शब्दों, बल्कि ऊर्जा और अनुभव से जुड़ते हैं।

यह कहता है: "मैं यहाँ हूँ, तुम्हारे साथ, पूरे मन और दिल से।"

4. संवेदनशील श्रवण के लाभ

- ग़लतफ़हमियाँ कम होती हैं
- सामने वाला सुना और स्वीकार किया हुआ महसूस करता है
- संवाद में करुणा, सुरक्षा और गहराई आती है
- रिश्ते मजबूत और प्रामाणिक होते हैं

5. प्रेरणात्मक उदाहरण संवाद:

"मुझे लगता है मैं किसी को अपनी बात समझा नहीं पा रहा"

(सक्रिय सुनने वाला): (रुककर, सच्ची उपस्थिति के साथ)

"यह सुनकर दुख हो रहा है... क्या तुम महसूस करते हो कि तुम्हें अनदेखा किया जा रहा है?"

या:

"आज ऑफिस में बहुत खराब दिन रहा।"

"मैं देख सकता हूँ कि वो तुम्हारे लिए भारी रहा होगा। क्या तुम चाहोगे कि मैं बस सुनूँ या कोई सलाह दूँ?"

6. एक ध्यानमय श्रवण अभ्यास:

किसी को 5 मिनट तक बोलने दें।

आपका उद्देश्य सिर्फ सुनना हो — प्रतिक्रिया नहीं देना।

बीच में न टोकें, न सुझाव दें।

फिर धीरे से कहें: "मैंने जो महसूस किया, वो यह था कि तुम्हारे लिए यह स्थिति वाकई चुनौतीपूर्ण रही।"

निष्कर्ष:

सक्रिय और संवेदनशील श्रवण वह प्रेम भाषा है जो बिना बोले भी सब कुछ कह देती है।

यह एक अभ्यास है — ध्यान, करुणा और मौन की शक्ति का।

जब हम इस कला में उतरते हैं, तब हम संवाद नहीं करते — हम आत्मा से आत्मा का आलिंगन करते हैं।

मौन का संचार (Silent Communication)

मौन केवल चुप्पी नहीं, बल्कि आत्मा की भाषा है। जब दो लोग मौन में एक-दूसरे के साथ उपस्थित होते हैं, तो वहाँ केवल शब्दों की अनुपस्थिति नहीं होती, बल्कि ऊर्जाओं का संवाद होता है। यह संवाद इतना सूक्ष्म और इतना गहरा होता है कि कभी-कभी वह शब्दों से भी अधिक स्पष्ट और प्रभावशाली हो सकता है।

1. कैसे करें मौन का संचार

a) मौन में साथ बैठना (2-3 मिनट)

एक शांत स्थान चुनें।

आमने-सामने बैठें, एक-दूसरे की आँखों में देखें।

न कुछ बोलें, न किसी बात की उम्मीद करें — केवल उपस्थित रहें।

साँसों को महसूस करें — खुद की और सामने वाले की।

b) हाथ पकड़ना

एक-दूसरे का हाथ हल्के से पकड़ें।

अपने दिल की धड़कन और उनकी ऊर्जा को महसूस करें।

स्पर्श को प्रेम, सुरक्षा और सम्मान से भरें।

c) साँसों को सिंक्रनाइज़ करना (Synchronize Breathing)

कुछ पल अपनी सांस पर ध्यान दें।

फिर धीरे-धीरे अपनी सांस को सामने वाले की सांस से मिलाएं — जैसे दोनों एक ही लय में साँस ले रहे हों।

यह अभ्यास दोनों के बीच ऊर्जा-सामंजस्य बनाता है।

2. आध्यात्मिक तत्व: शब्दों से परे संवाद

मौन हमारे भीतर की गहराई को स्पर्श करता है। जब हम किसी के साथ मौन में होते हैं:

हम उसकी आत्मा से जुड़ते हैं, न कि उसके विचारों से।

मौन हमें जजमेंट से मुक्त करता है — जहाँ कोई साबित नहीं करना, बहस नहीं करनी।

यह हमें शुद्ध उपस्थिति और करुणा में टिकाता है।

मौन में, आत्माएँ बोलती हैं।

3. मौन संचार के लाभ:

- गहरा भावनात्मक और आत्मिक जुड़ाव
- विश्वास और सुरक्षा का निर्माण
- मानसिक अशांति में भी शांति और सामंजस्य
- प्रेम के स्तर पर संवाद, जहाँ शब्द ज़रूरी नहीं

4. एक अनुभवात्मक दृश्य की कल्पना करें:

एक दंपति कई दिनों से बहसों से थके हुए हैं। अब वे एक-दूसरे के सामने बैठे हैं — बिना शब्दों के। केवल मौन, आँखों का मिलन, और हाथों का स्पर्श। कुछ मिनटों बाद, एक गहरी साँस के साथ दोनों मुस्कुरा देते हैं। किसी ने कुछ कहा नहीं, लेकिन सब कुछ कह दिया गया।

5. मौन संचार के अभ्यास का सुझाव:

"मौन मिलन" – एक सरल अभ्यास

1. रोज़ या सप्ताह में एक बार 5 मिनट का मौन मिलन करें।

2. आँखों में आँखें डालकर बैठें।

3. कोई लक्ष्य न रखें — केवल दिल की उपस्थिति में टिकें।

4. बाद में, चाहें तो अनुभव साझा करें — या सिर्फ एक आलिंगन दें।

5. संक्षिप्त मंत्र या संकल्प (मौन के बाद)

"मैं तुम्हें समझने के लिए नहीं, महसूस करने के लिए सुनता हूँ।"

"मैं तुम्हारे साथ मौन में भी पूर्ण हूँ।"

"तुम्हारी उपस्थिति मेरे लिए पर्याप्त है।"

निष्कर्ष:

मौन का संचार एक दिव्य पुल है जो शब्दों व तर्क से परे हैं।

यह हमें उस क्षेत्र में ले जाता है जहाँ आत्माएँ मिलती हैं, ऊर्जा बहती है और प्रेम अपनी सबसे शुद्ध अवस्था में प्रकट होता है।

जब हम किसी को मौन में पूरी उपस्थिति के साथ देखते हैं, तो हम कहते हैं —

"मैं तुम्हें देखता हूँ, पूरे दिल से।"

इरादे के साथ बोलना (Intentional Speaking)

बोलना केवल संवाद नहीं है, यह सृजन है।

हम जो कहते हैं, वह केवल शब्द नहीं बल्कि एक ऊर्जा होती है जो रिश्तों को या तो जोड़ती है या तोड़ती है।

इरादे के साथ बोलना का अर्थ है — हर शब्द को एक आध्यात्मिक कर्म की तरह बोलना; जहाँ हर बात के पीछे जागरूकता, करुणा और स्पष्टता हो।

1. क्या होता है "इरादे के साथ बोलना"?

इरादे के साथ बोलने का मतलब है:

बोलने से पहले भीतर देखना — मैं क्यों बोल रहा हूँ?

सत्य, प्रेम और करुणा को मार्गदर्शक बनाना — क्या यह बात दूसरे को संजोएगी या चोट पहुँचाएगी?

अपने शब्दों को आत्मिक दृष्टिकोण से चुनना — जैसे आप बीज बो रहे हों क्योंकि शब्द ही मंत्र हैं।

यह एक अभ्यास है — जहाँ हर संवाद एक पूज्य कर्म बन सकता है।

2. कैसे करें: व्यावहारिक अभ्यास

a) बोलने से पहले रुकें

खुद से पूछें:

- "क्या यह आवश्यक है?"
- "क्या यह सच्चा और करुणापूर्ण है?"
- "क्या मैं सही अवस्था में हूँ बोलने के लिए?"

b) धीरे, स्पष्ट और सरल बोलें

जल्दबाज़ी में बोले गए शब्द अक्सर अधूरे या आहत करने वाले होते हैं। बात को सहजता से रखें, जैसे कोई फूल सौंप रहे हों।

c) 'तुम' की जगह 'मैं' से बात शुरू करें

"तुम हमेशा ऐसा करते हो" की जगह - "मैं ऐसा महसूस करता हूँ जब ऐसा होता है…" यह दोष नहीं, संवेदना दर्शाता है।

3. आध्यात्मिक तत्व: शब्दों की ऊर्जा

शब्द ब्रह्म होते हैं — "वाक् शक्ति" हिंदू दर्शन में एक दिव्य ऊर्जा मानी जाती है। जब आप किसी से प्रेम, सम्मान और सच्चाई के साथ बोलते हैं:

- आपके शब्द हीलिंग का माध्यम बनते हैं
- आपके संवाद ऊर्जा के स्तर पर जुड़ाव लाते हैं

- आप रिश्तों की चेतना को ऊपर उठाते हैं

“आप जो अभिव्यक्त करते हैं वाह आप स्वयं होते हैं।” — शब्दों में ही आपका आत्मिक व्यक्तित्व प्रकट होता है।

4. उदाहरण: इरादे से प्रेरित संवाद

- “मैं यह बात इसलिए कह रहा हूँ, क्योंकि मैं चाहूँगा कि हम और अच्छे से जुड़ सकें।”
- “मेरा उद्देश्य यह नहीं कि तुम्हें दोष दूँ, बल्कि यह कि हम एक-दूसरे को और समझें।”
- “मैं चाहता हूँ कि तुम जानो — मैं तुम्हारे पक्ष में हूँ, समस्या के नहीं।”

5. एक सूक्ष्म अभ्यास: "3-साँस नियम"

1. जब भी आपको कुछ बोलना हो — विशेषकर भावनात्मक स्थिति में — तीन गहरी साँसें लें।

2. भीतर पूछें — “क्या यह मेरे रिश्ते की भलाई के लिए है ?”

3. फिर बोलें — धीरे, स्थिर, और सच्चे इरादे से।

4. अप्रकाशित गहराई: इरादा बनाम एजेंडा

इरादा — प्रेम और समझ से उत्पन्न होता है।

एजेंडा — नियंत्रण, प्रतिक्रिया या डर से आता है।

इरादे से बोले गए शब्द रिश्तों को पुष्पित और शुद्रढ करते हैं।

एजेंडे से बोले गए शब्द रिश्तों को सूखा देते हैं, बोझ बना देते हैं।

“जब तुम बोलो, तो शब्दों से पहले तुम्हारा दिल सुने।”

5. एक शांत अनुभव का उदाहरण:

एक पिता अपने किशोर बेटे से कहता है:

"मैंने देखा कि तुम गुस्से में थे… मैं तुमसे केवल बात करने आया हूँ ताकि तुम सब सही सही समझ सको - न कि तुम्हें बदलने के लिए।" बेटा चुप रहता है, लेकिन उसकी आँखें भीग जाती हैं - क्योंकि इरादा सुन लिया गया था।

निष्कर्ष:

- इरादे के साथ बोलना केवल शब्दों का चयन नहीं, बल्कि आत्मा की उपस्थिति से संवाद करना है।
- यह वह अभ्यास है जो हर रिश्ते को एक आध्यात्मिक रिश्ता बना सकता है।
- हर बातचीत, एक प्रार्थना बन सकती है — यदि उसमें हो

सत्य, करुणा और प्रेम का इरादा।

कृतज्ञता का संचार

कृतज्ञता केवल धन्यवाद कहना नहीं है — यह रिश्तों में सजीवता और आभार की ऊर्जा भरने का अभ्यास है। जब हम किसी के लिए सच्चे हृदय से कृतज्ञता प्रकट करते हैं, तो वह हमारे बीच एक ऐसा पुल बन जाता है, जो हमें गहरे भावनात्मक और आध्यात्मिक स्तर पर जोड़ता है।

1. कृतज्ञता का संचार क्या है?

यह एक जागरूक क्रिया है जिसमें हम सामने वाले के अस्तित्व, सहयोग, गुण और प्रेम को सराहते हैं।

उन बातों पर ध्यान देते हैं जो अक्सर हम माना हुआ (taken for granted) मान लेते हैं।

कई बार सबसे ज़्यादा मूल्यवान लोग वही होते हैं जिनसे हम "शुक्रिया" कहना भूल जाते हैं।

2. कैसे करें – सरल, सच्चे और आत्मीय तरीक़े

a) प्रतिदिन छोटी बातों के लिए आभार व्यक्त करें

"तुमने मेरी बात ध्यान से सुनी, उसके लिए शुक्रिया।"

"तुम्हारी मुस्कान ने आज मेरा दिन सुंदर बना दिया।"

b) औपचारिक न लगें – दिल से कहें

अगर आप सिर्फ "Thanks" कह रहे हैं, तो ठहर कर क्यों कह रहे हैं, यह भी कहिए।

"तुमने मेरा ख्याल रखा… ये मेरे लिए बहुत मायने रखता है।"

c) अकेले में कहें — सार्वजनिक नहीं तो भी उसका असर उतना ही होता है

सबके सामने तारीफ़ जरूरी नहीं; एक शांत क्षण में, आंखों में देखकर कहना ज़्यादा असर करता है।

d) लिखें — आभार पत्र या संदेश

कभी-कभी जो बोल नहीं पाते, उसे लिख दें।

"मैंने कभी नहीं कहा, लेकिन जिस तरह तुम हर दिन मेरे साथ ह, मुझे प्यार करते हो, मेरा ख्याल रखते हो — वो मेरे जीवन की सबसे कीमती बात है।"

3. आध्यात्मिक तत्व: ऊर्जा की निर्मलता

कृतज्ञता का संचार हमारे और सामने वाले के बीच ऊर्जा का परिशुद्ध प्रवाह बनाता है:

- यह अहंकार को कम करता है
- मन में विनम्रता और प्रेम भरता है
- संबंधों को भक्ति और सौहार्द की दिशा में ले जाता है

जब हम "शुक्रिया" दिल से कहते हैं, तो हमारे भीतर विराटता की अनुभूति जागती है — क्योंकि हम स्वीकार करते हैं कि हम अकेले नहीं हैं।

4. फायदे –

- संबंधों में अद्भुत परिवर्तन
- शिकायतें कम होती हैं, क्योंकि ध्यान अच्छाइयों पर केंद्रित होता है
- सहज प्रेम और अपनापन बढ़ता है
- सामने वाला देखा-सुना और महत्व दिया गया महसूस करता है
- नकारात्मक ऊर्जा का शमन (नष्ट) होता है

5. एक वास्तविक जीवन दृश्य की कल्पना करें

एक माँ दिन भर काम करने के बाद थकी हुई है। उसका बेटा धीरे से उसके पास आता है और कहता है:

"माँ, मैं जानता हूँ तुम बहुत मेहनत करती हो। मैं आभारी हूँ।"

माँ कुछ नहीं कहती, बस उसे गले लगा लेती है।

कृतज्ञता ने शब्दों से परे एक प्रेम का सेतु बना दिया।

6. कृतज्ञता संचार का ध्यान अभ्यास

"3 बातें रोज़"

दिन के अंत में बैठकर अपने साथी, परिवार या मित्रों के बारे में 3 बातें लिखिए या बताइए, जिनके लिए आप आभारी हैं।

"मैं आभारी हूँ क्योंकि…" से शुरू करें।

धीरे-धीरे यह अभ्यास रिश्तों को पुनर्जीवित कर देगा।

7. कुछ दिल से निकले वाक्य — प्रयोग में लाने योग्य

- "तुम्हारा होना ही मेरे लिए एक उपहार है।"
- "मैं हर दिन तुम्हारे साथ के लिए आभारी हूँ।"
- "तुम जैसा सहयोग मुझे और कहीं नहीं मिला।"
- "तुम्हारी मौजूदगी मेरे जीवन को पूरा बनाती है।"

निष्कर्ष:

कृतज्ञता का संचार रिश्तों में मिठास घोलता है — यह न फूलों की तरह दिखता है, न गहनों की तरह चमकता है —

पर यह प्रेम की खुशबू बनकर हर क्षण में बसी रहती है।

 "जहाँ कृतज्ञता है, वहाँ ईश्वर की उपस्थिति है।"

5 प्रार्थना या शुभकामना का संचार

प्रार्थना और शुभकामना, केवल धार्मिक क्रियाएं नहीं, बल्कि प्रेम और करुणा की ऊर्जा का निःशब्द, लेकिन शक्तिशाली संप्रेषण हैं। जब हम सच्चे हृदय से किसी के लिए कुछ अच्छा सोचते या प्रार्थना करते हैं, तो वह भावना आध्यात्मिक ऊर्जा बनकर उनके जीवन में subtly प्रवाहित होती है।

1. क्या है शुभकामना का संचार?

यह अभ्यास है जिसमें हम किसी के लिए कुछ अच्छा सोचते हैं या कहते हैं - मन में या उनके सामने।यह बिना किसी अपेक्षा के किया जाता है - निस्वार्थ भाव से। इसमें शब्दों से अधिक महत्व भाव और ऊर्जा का होता है।

यह एक मौन वरदान जैसा है — जिसे सामने वाला भले न सुने, लेकिन महसूस करता है।

2. कैसे करें: व्यावहारिक रूप से शुभकामनाएँ देना

a) मन में प्रार्थना करना

जब कोई दूर है, या संवाद संभव नहीं, तब भी आप मन में कह सकते हैं:

- "ईश्वर उन्हें शांति और प्रेम दे।"
- "वो जहाँ भी हों, खुश रहें, सुरक्षित रहें।"

b) सामने व्यक्ति से सीधे कहना

सरल और आत्मीय भाषा में:

- "मैं चाहता हूँ कि तुम्हारा हर दिन सुंदर हो।"
- "तुम जो भी चाहो, वो तुम्हें सहजता से मिले।"

c) स्पर्श के साथ प्रार्थना

जैसे किसी का हाथ पकड़कर या सिर पर हाथ रखकर कहना:

"मैं दिल से तुम्हारी खुशहाली की प्रार्थना करता हूँ, तुम खुश रहो, सफल रहो और सुरक्षित रहो।"

d) साँसों और ध्यान के साथ शुभकामना देना

किसी को याद करते हुए गहरी साँस लें, और हर साँस के साथ उसके लिए सोचें:

"तुम शांत रहो… स्वस्थ रहो… प्रेम में रहो।"

3. आध्यात्मिक तत्व: ऊर्जा का स्थानांतरण

शुभकामना या प्रार्थना केवल शब्द नहीं, बल्कि ऊर्जा की तरंगें होती हैं।

जब वह पवित्र भाव और शुद्ध चेतना से की जाती है, तो वह दूसरे के जीवन में हीलिंग ला सकती है।

यह हमारे और उनके बीच एक ऊर्जात्मक पुल बनाती है — जहाँ प्रेम, करुणा और सुरक्षा का संचार होता है।

"प्रार्थना, वह दूरी तय करती है जो शब्द नहीं कर सकते।"

4. उदाहरण: दैनिक जीवन में कैसे प्रयोग करें

सुबह उठते ही अपने परिवार, साथी या मित्रों के लिए 1 मिनट यह सोचें:

"आज का दिन तुम्हारे लिए सुंदर, सरल और प्रेमभरा हो।"

जब कोई दुख में हो, और आप कुछ कह नहीं पा रहे हों, तब बस चुपचाप सोचें:

"ईश्वर तुम्हें शक्ति दे।"

किसी के साथ बहस के बाद भी अंत में मन में कहें:

"मैं फिर भी तुम्हारी भलाई चाहता हूँ।"

5. प्रार्थना/शुभकामना मंत्र — उपयोग के लिए

- "तुम हमेशा सुरक्षित और संतुलित रहो।"
- "तुम्हारी आत्मा प्रेम और प्रकाश से भरी रहे।"

- "हमारा रिश्ता समय के साथ और भी गहरा और सुंदर हो।"
- "मैं तुम्हारे लिए वही चाहता हूँ, जो मैं अपने लिए चाहता हूँ।"

6. फायदे — संबंधों पर प्रभाव

- यह नकारात्मक ऊर्जा को शांत करता है — क्योंकि इसमें द्वेष या अपेक्षा नहीं होती।
- आपके रिश्ते में कोमलता और करुणा आती है।
- सामने वाला चाहे न जाने, फिर भी वह ऊर्जा का असर अनुभव करता है।
- यह आपकी अपनी चेतना को भी उठाता है क्योंकि आप देने वाले बनते हैं।

7. ध्यान आधारित शुभकामना अभ्यास: मैत्री भावना ध्यान

1. बैठें, आँखें बंद करें।

2. गहरी साँस लेते हुए सोचें —

"मैं शांत और स्वस्थ रहूँ।"

3. फिर सामने वाले को सोचते हुए कहें —

"तुम शांत और स्वस्थ रहो।"

4. फिर पूरे जगत के लिए —

"सब प्राणी सुखी हों, स्वस्थ हों, सुरक्षित हों।"

यह अभ्यास कुछ ही मिनटों में आपके हृदय को विस्तारित कर देता है।

निष्कर्ष:

प्रार्थना और शुभकामना का संचार, रिश्तों में एक अदृश्य सुरंग बनाता है जिसमें कोई तर्क, कोई शर्त नहीं होती, केवल दुआओं की हवा बहती है।

"जब हम किसी के लिए शुभ सोचते हैं, तो हम दोनों का ही उत्थान कर रहे होते हैं।"

6. संकेतों का उपयोग — आत्मा से आत्मा का संवाद

जब शब्द असमर्थ हो जाते हैं, तब संकेतों का संचार रिश्तों में गहराई लाता है। ये संकेत—मुस्कान, स्पर्श, कोई वस्तु या भाव — न बोलकर भी बहुत कुछ कह जाते हैं। ये सूक्ष्म संप्रेषण होते हैं जो मन से नहीं, हृदय से निकलते हैं।

1. संकेतों का संचार क्या है?

- यह वह संचार है जो: शब्दों से परे होता है,
- अक्सर बिना बोले सामने वाले को महसूस होता है,
- ऊर्जा और भावनाओं के स्तर पर संवाद करता है।
- यह संचार "किया" नहीं जाता — यह "बहता" है।

2. कैसे करें — सरल लेकिन प्रभावशाली तरीके

a) शारीरिक संकेत

- हल्का स्पर्श (कंधे पर हाथ रखना, हाथ पकड़ना)
- मुस्कान देना बिना किसी शब्द के
- आँखों में गहराई से देखना — बिना डर या असहजता के
- "मैं तुम्हारे साथ हूँ" — बिना कहे कह देना।

b) प्रतीकात्मक वस्तुएँ

एक फूल देना - "मैं चाहता हूँ कि तुम्हारा दिन सुंदर हो"

मनपसंद चाय या कॉफी बनाना - "मैं अब भी तुम्हें समझता हूँ"

एक छोटी सी चिट्ठी या नोट — सिर्फ दो शब्द: "मैं हूँ"

c) रोज़ की आदतों में संकेत जोड़ना

*हर सुबह एक मुस्कान से दिन की शुरुआत करना

*रात को सोने से पहले एक हल्का आलिंगन या "शांति का स्पर्श"

*खास दिन या क्षणों पर बिना कहे कोई प्रतीक देना (जैसे शांतिपूर्ण मौन में एक दिया जलाना)

3. आध्यात्मिक तत्व — भावनाओं का ऊर्जात्मक संप्रेषण

संकेत अर्थ से अधिक ऊर्जा देते हैं। यह हृदय की भाषा है, जहाँ शब्द ज़रूरी नहीं — सच्ची उपस्थिति ज़रूरी होती है। यह आत्मा से आत्मा का संवाद बन जाता है।

"शब्द छूते हैं कान, संकेत छूते हैं आत्मा।"

4. उदाहरण: संकेतों के ज़रिए रिश्ते में Healing

स्थिति: किसी प्रियजन से बहस हुई है। आप कुछ कहना नहीं चाहते, लेकिन दूरी तोड़ना चाहते हैं। आप बस एक कप चाय उनके पास रख देते हैं। ना कोई शब्द, ना कोई सवाल। वो आपको देखते हैं, चाय उठाते हैं... और मुस्कराते हैं। संचार हो गया। प्रेम फिर बहने लगा।

5. व्यावहारिक सुझाव – इसे जीवन में कैसे लाएँ

a) 5-मिनट की प्रैक्टिस (Daily Ritual)

हर सुबह या रात:

5 मिनट मौन में बैठें साथ-साथ एक-दूसरे की आँखों में देखें **और** एक छोटी सी कृतज्ञता या प्रेमभरी वस्तु दें

b) खुद से शुरुआत करें

पहले अपने मन को शांत करें — 1-2 मिनट श्वास ध्यान करें

फिर जो भी संकेत देना हो, वह शुद्ध भाव से दें, न कि औपचारिकता करें

c) धैर्य रखें

आध्यात्मिक संचार का प्रभाव धीरे-धीरे प्रकट होता है

कई बार सामने वाला तुरंत न समझे, लेकिन ऊर्जा उसका रास्ता खुद बना लेती है

6. संकेतों की सूची — प्रयोग में लाने योग्य जो आपको उपयुक्त लगे

- हाथ के इशारे: हाथों की विभिन्न मुद्राएँ, जैसे हाथ हिलाना (नमस्ते/अलविदा), अंगूठा ऊपर करना (सहमत/ठीक है), ताली बजाना (प्रशंसा), इत्यादि।
- चेहरे के भाव: मुस्कराना (खुशी), भौंहें चढ़ाना (आश्चर्य/संदेह), आँखें मटकाना (गुस्सा/नापसंद), आदि।
- आँखों का संपर्क: सीधा देखना (आत्मविश्वास/रुचि), नजरें चुराना (झिझक/अविश्वास)।
- शारीरिक मुद्रा: सीधे बैठना (सजगता), झुककर चलना (निराशा/थकावट), हाथ बांधना (रक्षा/असहजता)।
- स्पर्श: हाथ मिलाना (स्वागत), कंधे पर हाथ रखना (सांत्वना/सहयोग)।
- दूरी/स्थान: किसी के बहुत पास या दूर खड़े होना (घनिष्ठता या औपचारिकता का संकेत)।
- वस्त्र/रंग: कपड़ों का रंग, पहनावा, आदि भी संकेत के रूप में काम करते हैं।

7. संकेत और ऊर्जा का योग — पूर्ण संप्रेषण

जब आप संकेतों को मौन, प्रार्थना, या साँसों की लय के साथ जोड़ते हैं, तो वे केवल भाव नहीं, हीलिंग बन जाते हैं।

यह आपके रिश्तों को नये स्तर पर ले जाता है — जहाँ शब्द गौण और संपर्क पावन हो जाता है।

निष्कर्ष:

संकेतों का संचार प्रेम की वह भाषा है जो कभी पुरानी नहीं होती।

- यह धीमी है, लेकिन अमिट है।
- यह कोमल है, लेकिन गहन है।

"जब शब्द चुप हो जाते हैं, तब आत्माएँ बोलती हैं — संकेतों के माध्यम से।"

परिवार और दोस्तों के साथ गहरे संबंध कैसे बनाएं।

परिवार और दोस्तों के साथ गहरे संबंध बनाने के लिए आध्यात्मिकता और व्यावहारिकता का संतुलन जरूरी है। आध्यात्मिक संचार तकनीकों को आधार बनाकर, यहाँ कुछ तरीके दिए गए हैं जो रिश्तों में आत्मिक जुड़ाव और विश्वास को बढ़ाते हैं:

निष्कर्ष:

> "जहाँ शब्द मौन के साथ संतुलित हों, और संवाद प्रेम से भरा हो — वहीं संचार आध्यात्मिक बनता है।"

सच्चे आध्यात्मिक रिश्ते में, हर बात से पहले मौन बोलता है — और हर मौन में प्रेम की भाषा होती है।

1. सच्चाई और खुलेपन का अभ्यास (Practicing Truth & Openness)

सच बोलना और खुला संवाद रखना केवल एक संचार तकनीक नहीं है—यह एक आध्यात्मिक अभ्यास है। जब हम अपने दिल की बात बिना डर और जजमेंट के साझा करते हैं, तो हम सामने वाले की आत्मा को अपने दिल का दरवाज़ा खोलते हैं। यह अभ्यास रिश्तों में पारदर्शिता, विश्वास और सच्ची निकटता लाता है।

कैसे करें — व्यावहारिक तरीका

a) भावों को छुपाना नहीं, साझा करना

जब आप दुखी, उलझन में, या नाराज़ हों, तो अंदर दबाने के बजाय धीरे-से कहें:

> "मैं ये बात कहने में झिझक रहा हूँ, लेकिन दिल से कहना चाहता हूँ..."

b) "खुली बातचीत" का समय तय करें

हर सप्ताह एक 'Heart Circle' रखें — जहाँ सब अपने दिल की बात कह सकें

नियम: न आलोचना, न सलाह — केवल सुनना और स्वीकार करना

c) आलोचना नहीं, अनुभव बाँटना

"तुमने ऐसा क्यों किया?" कहने की बजाय, कहें:

> "जब ऐसा हुआ, मुझे दुख हुआ।"

आध्यात्मिक आधार — सत्य से आत्मिक निकटता

सत्य वह सेतु है जो दो आत्माओं को जोड़ता है।

जब हम सच बोलते हैं (और सुनते हैं), तो हमारा अहं घटता है और आत्मा प्रकट होती है।

यह अभ्यास हमें सच्चे प्रेम, करुणा और समझ की ओर ले जाता है।

> "सत्य बोलना हिम्मत है, लेकिन वही आत्मा को छुता है।"

उदाहरण

स्थिति: कोई प्रिय व्यक्ति आपको इग्नोर कर रहा है।

आम प्रतिक्रिया:

"तुम्हें अब मुझसे कोई फर्क नहीं पड़ता!"

सच्चाई और खुलापन:

> "मुझे कुछ दिनों से ऐसा लग रहा है कि तुम व्यस्त हो।

मैंने खुद से ही बहुत कुछ मान लिया।

क्या हम इस पर बात कर सकते हैं?"

इस तरह आप हमले के बजाय प्रेम से संवाद करते हैं।

फायदे — रिश्तों में बदलाव

- संवाद गहरा होता है
- झूठ, शक और दूरी कम होती है

- विश्वास और आत्मीयता बढ़ती है
- रिश्ते हीलिंग स्पेस बनते हैं, न कि टकराव का क्षेत्र

व्यावहारिक अभ्यास

1. जर्नलिंग करें: हर रात खुद से पूछें — "क्या मैंने आज सच बोला?"
2. हृदय-चक्र ध्यान: साँस लेते हुए सोचें — "मैं सच्चाई से संवाद करता हूँ।"
3. सप्ताह में एक बार "Heart Talk Time" परिवार या साथी के साथ रखें।

निष्कर्ष

सच्चाई और खुलापन, रिश्तों की वह ज़मीन है जिस पर प्रेम फलता है।

यह सरल है, लेकिन साहस माँगता है।

यह दर्द भी ला सकता है, लेकिन अंततः शुद्धिकरण करता है।

> "जहाँ सच कहा जाता है, वहाँ दिलों में रोशनी होती है।"

2. साथ में समय बिताना — मौन की उपस्थिति, प्रेम का संवाद

साथ में बिताया गया समय, केवल एक गतिविधि नहीं, बल्कि आत्मिक जुड़ाव का माध्यम है। आज के व्यस्त और डिजिटल युग में, जहां सब कुछ तेज़ और ध्यान बंटाने वाला है, वहाँ किसी के लिए अपना समय और पूर्ण उपस्थिति देना — यह सबसे पवित्र उपहार बन जाता है।

कैसे करें — सरल लेकिन प्रभावशाली तरीके

a) डिजिटल डिटॉक्स समय तय करें

एक निश्चित समय (जैसे रात का खाना या सुबह की चाय) तय करें, जब कोई फोन, टीवी या लैपटॉप नहीं होगा। उस समय सिर्फ एक-दूसरे की उपस्थिति को महसूस करें।

b) साधारण कामों को मिलकर करें

साथ में खाना पकाना, पौधों को पानी देना, घर साफ करना या चाय पीना। क्रिया तो बहाना है, मकसद है — साथ होना, ध्यान से।

c) मौन साथ

कुछ समय एक साथ बिना बोले बैठें — आंखें बंद करके सांसों पर ध्यान दें या सिर्फ एक-दूसरे के साथ मौन में रहें।

मौन भी संवाद करता है — अगर दोनों उपस्थित हों।

आध्यात्मिक आधार — उपस्थित होना ही प्रेम है

जब आप शारीरिक रूप से मौजूद होते हैं, लेकिन मन कहीं और होता है, तो सामने वाला आपकी ऊर्जा को महसूस नहीं कर पाता।

लेकिन जब आप पूरे दिल से साथ होते हैं, तब बिना कुछ कहे भी प्रेम प्रकट होता है।

> "मुझे तुम्हारे शब्द नहीं चाहिए, मुझे तुम्हारी उपस्थिति चाहिए।"

साथ बिताया गया सचेत समय रिश्ते की ऊर्जा को शुद्ध करता है और आत्माओं को निकट लाता है।

उदाहरण

"कृतज्ञता सर्कल" — एक साप्ताहिक अभ्यास

हर रविवार शाम:

परिवार का हर सदस्य एक-एक करके कहे:

> "मैं आभारी हूँ... [किसी व्यक्ति, घटना, या भाव के लिए]"

कोई बाधा नहीं, कोई बहस नहीं — सिर्फ सुनना और दिल से स्वीकार करना।

इससे क्या होता है?:

- आपसी समझ और प्रेम गहराता है

- शिकायतें घटती हैं
- एक सकारात्मक ऊर्जा घर में बसती है

अन्य Quality Time के विचार

व्यावहारिक सुझाव

1. Presence Practice (5 मिनट)

रोज़ कम-से-कम 5 मिनट ऐसा समय निकालें जिसमें आप सिर्फ साथ बैठें — कोई काम नहीं, कोई बात नहीं, सिर्फ साथ।

2. Eye Contact Meditation (1 मिनट)

एक-दूसरे की आँखों में देखो, कुछ न बोलो।

यह सरल अभ्यास रिश्ते को बहुत गहराई देता है।

3. Weekly Rituals

हर सप्ताह कोई एक Quality Time Ritual तय करें — जैसे

"Walk & Talk Wednesday"

"Silent Saturday Evening"

"Soulful Sunday Circle"

निष्कर्ष

साथ बिताया गया सच्चा समय रिश्तों की आत्मा को पोषण देता है।

यह एक ऐसी जगह बनाता है जहाँ शब्द कम होते हैं, लेकिन अनुभव गहरे होते हैं।

जहाँ सामान्य क्षण असामान्य जुड़ाव में बदल जाते हैं।

> "साथ में मौन बैठना, कभी-कभी हज़ारों शब्दों से अधिक कह जाता है।"

आइए अब इसे दो अलग-अलग पहलुओं में विस्तार से देखते हैं:

1. परिवार के साथ "साथ में समय बिताना"

2. मित्रों के साथ "साथ में समय बिताना"

दोनों में ऊर्जा और संवाद का तरीका थोड़ा भिन्न होता है, लेकिन उद्देश्य एक ही होता है — आत्मिक जुड़ाव और सच्ची उपस्थिति।

1. परिवार के साथ "साथ में समय बिताना"

क्यों ज़रूरी है?

परिवार वह जड़ है जिससे हमारी ऊर्जा बंधी होती है।

व्यस्तता, जिम्मेदारियों और पीढ़ियों के अंतर के कारण भावनात्मक दूरी आ जाती है।

साथ में गुणवत्तापूर्ण समय बिताना उस दूरी को प्रेम और समझ में बदल सकता है।

क्या कर सकते हैं?

a) "कृतज्ञता सर्कल" हर रविवार

सभी सदस्य 15-20 मिनट एक साथ बैठें

हर कोई 1-2 बातों के लिए आभार जताए — "मैं पापा के लिए आभारी हूँ क्योंकि उन्होंने..."

यह संवाद को सकारात्मक दिशा देता है।

b) "नो स्क्रीन डिनर" नियम

सप्ताह में कम से कम एक बार — सिर्फ एक साथ बैठकर खाना, बिना टीवी या फोन के

इस दौरान हर कोई एक हल्की बात या बचपन की यादें साझा करे

c) "फैमिली वॉक" या पूजा/प्रार्थना

शाम की सैर या एक छोटा सा सामूहिक ध्यान, आरती या प्रार्थना — जुड़ाव और शांत ऊर्जा लाता है

2. मित्रों के साथ "साथ में समय बिताना"

क्यों ज़रूरी है?

दोस्त वह दर्पण होते हैं जिनमें हम खुद को हँसी, मज़ाक और भावनाओं के बिना जजमेंट देख सकते हैं लेकिन आजकल दोस्ती भी चैट और रील्स तक सीमित हो गई है, उपस्थिति और भावनात्मक गहराई लौटाना ज़रूरी है

क्या कर सकते हैं?

a) "वॉक एंड टॉक" मीटअप

किसी पार्क या सड़क पर 30 मिनट की टहलती बातचीत — बिना फोन चेक किए

विषय: "इस हफ्ते तूने क्या सीखा?" या "कोई एक चीज़ जो तुझे खुशी देती है।"

b) "Friendship Silence Circle"

कभी-कभी सिर्फ 5 मिनट साथ मौन बैठना — हो सकता है अजीब लगे, लेकिन दोस्ती में यह प्रयोग बहुत गहरा अनुभव देता है

c) "साझा क्रिएटिव टाइम"

साथ मिलकर कुछ बनाना — जैसे पेंटिंग, कुकिंग, गाना गाना, या कोई DIY प्रोजेक्ट

जब हम कुछ रचते हैं, हम एक-दूसरे की ऊर्जा के साक्षी बनते हैं

Guiding Thought to Carry in These Moments

> "मैं तुम्हारे साथ हूँ — पूरी तरह, बिना किसी शर्त के।"

Daily 5-Minute Practice for Both

सुबह: अपने प्रिय व्यक्ति (मित्र या परिवार) के लिए एक प्रार्थना करें — "वो सुखी रहे, शांत रहे।"

शाम: दिन में उनके साथ बिताए किसी पल को मन में दोहराएं और आभार व्यक्त करें।

निष्कर्ष

मित्रों और परिवार के साथ समय बिताना, सिर्फ बाहरी रिश्ता निभाना नहीं है —

यह आत्माओं का मेल, ऊर्जाओं का मिलन, और संवाद से परे मौन का आदान-प्रदान है।

> "सच्चा संबंध वहाँ होता है, जहाँ साथ होने पर चुप्पी भी सुकून देती है।"

3. सेवा और सहायता — दोस्ती में मौन प्रेम का ज़रिया

"सच्ची दोस्ती वह है, जहाँ शब्दों से ज़्यादा कर्म बोलते हैं।

जहाँ 'मैं तेरे लिए हूँ' कहने की ज़रूरत नहीं होती—एक कप चाय, एक साथ बैठना, एक चुपचाप मदद ही वह सब कह जाती है।"

कैसे करें — दोस्तों के साथ सेवा और सहायता

1. बिना कहे मदद करना

जब दोस्त थका हो, दुखी हो या परेशान हो—"कैसे हो?" पूछने से पहले उसके लिए कुछ कर देना

जैसे:

उसके लिए उसकी पसंदीदा चाय बना देना

उसका बैग या किताबें उठाकर कहना: "आजा, आज मैं हूँ तेरे साथ"

गाड़ी/बाइक धो देना, प्रोजेक्ट में मदद देना, कोई छोटा सा काम उसके लिए कर देना

2. सपोर्टिव मौन देना

अगर दोस्त का दिन खराब हो—कुछ कहने से बेहतर है सिर्फ साथ बैठना

"कुछ नहीं बोलूँगा, बस तेरे पास बैठा रहूँगा" — यह मौन भी सेवा बन जाता है

3. नोट, मैसेज या छोटा गिफ्ट

बिना वजह एक छोटा सा नोट —

> "तू थक गया होगा, लेकिन याद रख — तू अकेला नहीं है।"

या उसके डेस्क पर quietly एक पेन, किताब, या कोई छोटी चीज़ रख जाना जो उसे खुशी दे

4. Emotional Holding Space बनना

जब दोस्त टूट रहा हो, तो सलाह न दो, सहारा बनो

जैसे:

> "अगर तू बस रोना चाहता है, मैं सुनने के लिए हूँ। मैं ठीक करने नहीं, साथ बैठने आया हूँ।"

आध्यात्मिक आधार — सेवा ही प्रेम (silent love) है

सेवा में "मैं" नहीं होता — जब हम बिना अपेक्षा किसी की मदद करते हैं, तब हमारा अहं पिघलता है और प्रेम प्रकट होता है।

यह ऊर्जा का शुद्ध आदान-प्रदान है — जहाँ देने वाला और पाने वाला एक हो जाते हैं।

> "सेवा तब सबसे सुंदर होती है, जब वह देखी भी न जाए, बस महसूस की जाए।"

उदाहरण (Friend-Specific)

5 मिनट की सेवा अभ्यास (Daily Practice)

हर दिन एक दोस्त के लिए एक छोटा कार्य करो —

बिना बताए, बिना प्रत्याशा के।

एक सहायक मैसेज

कोई यादगार चीज़ भेजना

कोई काम चुपचाप उसके लिए करना

> "हर दिन एक सेवा — हर रिश्ते में प्रेम का एक नया बीज बो देना।"

निष्कर्ष

दोस्ती में साथ देना, शब्दों से ज़्यादा असर करता है।

यह रिश्तों को सिर्फ मज़ाक और बातों से नहीं, मौन और मदद से गहराई देती है।

"जब तू चुप था और मैं बस साथ था — वही तो मेरी सबसे सच्ची सेवा थी तेरे लिए।"

बिलकुल! आइए "कृतज्ञता और प्रशंसा" को दोस्ती और पारिवारिक रिश्तों के संदर्भ में गहराई से समझते हैं — एक आध्यात्मिक अभ्यास के रूप में, न कि सिर्फ एक सामाजिक शिष्टाचार।

4. कृतज्ञता और प्रशंसा व्यक्त करना

— संबंधों को ऊर्जा से भर देने वाली साधना

1. क्यों ज़रूरी है?

हम जिनसे सबसे ज़्यादा प्रेम करते हैं, अक्सर उनकी अच्छाइयों को "for granted" लेने लगते हैं।

धीरे-धीरे सराहना की जगह अपेक्षाएँ आ जाती हैं।

कृतज्ञता उस रिश्ते की ऊर्जा को पुनः उज्ज्वल करती है — जैसे दीपक में घी डालना।

2. कैसे करें?

a) नियमित रूप से "आभार वाक्य" बोलना

साधारण लेकिन सच्चे शब्दों में —

- "तुमसे बात करके मन हल्का हो जाता है।"
- " तुम्हारे हाथ की रोटी आज भी सबसे स्वादिष्ट है।"
- "तेरे बिना ये दिन मुश्किल होता दोस्त।"

b) सप्ताह में एक बार आभार संदेश (Gratitude Message Day)

हर रविवार या कोई दिन तय करें

एक दोस्त या परिवारजन को WhatsApp/कागज़ पर एक संक्षिप्त संदेश भेजें

"तेरे साथ बीते बचपन के पल आज भी मुस्कुराने का कारण हैं।"

"पापा, आपके 'थोड़ा-थोड़ा बचाओ' वाले मंत्र से आज EMI भर पाया।"

c) Surprise Appreciation Notes

घर में उनके तकिए पर, डायरी में या लैपटॉप स्क्रीन पर एक छोटा सा नोट

- "आज जो तुमने मेरे लिए किया, वो बहुत मायने रखता है।"
- "तेरी हर बात मुझे थोड़ा और अच्छा इंसान बना देती है।"

d) कृतज्ञता साझा करना मौन में

रोज़ रात को 1 मिनट आंखें बंद करके किसी एक अपने के लिए दिल से शुक्रिया महसूस करें

यह मौन कृतज्ञता, कंपन (vibration) बनकर उन्हें पहुँचती है — भले उन्होंने सुना न हो

3. आध्यात्मिक आधार

कृतज्ञता हृदय चक्र को सक्रिय करती है

- जब हम किसी के लिए धन्यवाद अनुभव करते हैं, तब हम उनसे जोड़ते नहीं, खुद को खोलते हैं
- यह नकारात्मक ऊर्जा को प्रेम-ऊर्जा में बदलने की शक्ति रखता है

"जहाँ शिकायतें मिटती हैं, वहीं प्रेम की भूमि तैयार होती है।"

4. उदाहरण (For Family & Friends)

5. 5 मिनट की दैनिक प्रैक्टिस

दिन के अंत में खुद से पूछो:

> "आज किस एक इंसान ने मुझे कुछ अच्छा महसूस कराया?"

फिर उसे या तो मन में धन्यवाद दो, या अगली सुबह एक लाइन भेज दो।

निष्कर्ष:

- कृतज्ञता केवल शब्द नहीं — यह रिश्तों में ऊर्जा का सबसे पवित्र प्रवाह है।
- प्रशंसा देना किसी को ऊँचा नहीं करता, बल्कि संबंध को दिव्यता से भर देता है।

"तेरी हँसी का शुक्रिया, जो आज मेरे दिन की सबसे उजली बात थी।"

5. संयुक्त ध्यान या प्रार्थना

जब दो या अधिक हृदय एक ही मौन में धड़कते हैं, तो ऊर्जा एक हो जाती है।

1. इसका महत्व

- रोज़मर्रा की बातचीत में हम अक्सर सतही स्तर पर जुड़े रहते हैं— भावनाओं की गहराई तक नहीं पहुँचते।
- संयुक्त ध्यान या प्रार्थना हमारे रिश्तों को शब्दों से परे ले जाकर आत्मिक स्तर पर जोड़ती है।

- यह ऊर्जा का सामंजस्य (energetic alignment) बनाता है, जिससे रिश्तों में शांति, समझ और प्रेम बढ़ता है।

2. कैसे करें

a) 5 मिनट श्वास ध्यान

दोनों/सभी लोग शांत बैठें

आँखें बंद करें

सिर्फ अपनी साँस पर ध्यान दें — अंदर आती- जाती हवा

कुछ समय बाद, सभी की साँसे एक लय में बहने लगती हैं — यह ही ऊर्जा-सामंजस्य है

> संकेत: कोई बोले नहीं — बस मौन में साथ साँस लेना ही पर्याप्त है।

b) सामूहिक प्रार्थना / शुभकामना देना

कोई सरल, भावनात्मक वाक्य सभी मिलकर कहें

- "हम सब सुरक्षित, स्वस्थ और शांत रहें।"
- "हमारा रिश्ता प्रेम, समझ और करुणा से भरा रहे।"

इसे दिन की शुरुआत या रात को सोने से पहले 2-3 मिनट में कर सकते हैं

ध्यान रहे: धार्मिक होना ज़रूरी नहीं — बस शुद्ध इरादा पर्याप्त है।

c) मौन बैठना

कुछ न बोलें

एक-दूसरे का हाथ पकड़ें या पास बैठें

मन में एक सकारात्मक विचार रखें

> जैसे — "मुझे खुशी है कि तुम मेरे जीवन में हो।"hu

d) माला जप या मंत्र साथ में करना

"ॐ शांति शांति शांति: " जैसे मंत्र का 3 बार उच्चारण

या कोई भी सरल शब्द — जैसे "प्रेम", "शांति", "धैर्य" — बार-बार दोहराना

यह सबको एक एकीकृत ऊर्जा में लाता है

3. आध्यात्मिक आधार

जब हम साथ मौन होते हैं, तब केवल मन नहीं — आत्माएँ भी संवाद करती हैं

यह अभ्यास रिश्तों के बीच की अदृश्य दीवारें मिटाता है

एक व्यक्ति की शांत ऊर्जा दूसरों को भी प्रभावित करती है—जैसे एक दीपक से दूसरा दीपक जलाना

> "जो मौन में एक हो सकें, उनका प्रेम अमिट होता है।"

4. 5-मिनट की दैनिक साधना

निष्कर्ष:

- संयुक्त ध्यान या प्रार्थना, रिश्तों को शब्दों से ऊपर ले जाकर आत्मिक मिलन बनाती है।
- यह हमें याद दिलाती है कि प्रेम की सबसे गहरी भाषा मौन होती है।

"जब हम साथ बैठते हैं - बिना बोले, बिना कुछ माँगे - वही तो सबसे पवित्र प्रार्थना बन जाती है।"

6. क्षमा और समझदारी — प्रेम की वो भाषा जो मौन में सबसे ज़्यादा सुनाई देती है

1. इसका महत्व

रिश्तों में गलतफहमियाँ, अपेक्षाएँ और असहमति सामान्य हैं। लेकिन यदि उन्हें पकड़े रखा जाए, तो वे हमारे हृदय और ऊर्जा को भारी कर देती हैं। क्षमा और समझ से हम उन जड़ों को काटते हैं जो कड़वाहट को पोषण देती हैं। यह स्वयं को और सामने वाले को आज़ाद करने का रास्ता है।

2. कैसे करें

a) मन से क्षमा करना / माँगना

यदि आप कुछ कह नहीं पा रहे हैं, तो मौन में क्षमा माँगें या दें:

> "मैं तुम्हें क्षमा करता हूँ।"

"यदि मेरी बात से तुम्हें दुख पहुँचा, तो मुझे खेद है।"

यह ऊर्जा के स्तर पर प्रभावी होता है, भले सामने वाला सुने या न सुने।

b) कमियों को परिस्थितियों से जोड़कर समझें

सामने वाला क्यों ऐसा व्यवहार कर रहा है — उसके जीवन की चुनौतियों, भावनात्मक थकान, या बचपन की conditioning को समझने का प्रयास करें।

> "शायद वह भी अंदर से टूटा हुआ था।"

"शायद उसने यही तरीका सीखा था प्यार जताने का।"

c) शांत मन से बातचीत

जब भी बात करें, दोषारोपण की बजाय 'मैं अनुभव करता हूँ' के भाव से बोलें:

"मुझे उस दिन आपकी बात थोड़ी तीखी लगी, लेकिन अब लगता है आप परेशान थे।

प्रश्न करें, निष्कर्ष न निकालें:

"क्या उस समय तुम कुछ और सोच रहे थे?"

d) रिश्ते को वर्तमान में लाना (Release the Past)

हर दिन सुबह 1 मिनट किसी रिश्ते के बारे में कहें:

"मैं अतीत को छोड़कर, आज एक नए नजरिए से देखना चाहता हूँ।"

यह नए अनुभवों के लिए ऊर्जा खोलता है।

3. आध्यात्मिक आधार

क्षमा कोई उपकार नहीं, आत्मिक स्वतंत्रता है।

जब हम क्षमा करते हैं, तब केवल सामने वाले को नहीं — खुद को भी आरोप, गुस्से और पीड़ा की ज़ंजीरों से मुक्त करते हैं।

"जब मैं तुम्हें क्षमा करता हूँ, तब मैं अपनी आत्मा को हल्का करता हूँ।"

5. 5-मिनट की प्रैक्टिस (Forgiveness Ritual)

1. आँखें बंद करें, कुछ गहरी साँसें लें।
2. उस व्यक्ति को कल्पना में सामने लाएँ, जिससे आप आहत हुए हैं या जिसे आपने ठेस पहुँचाई हो।
3. मन ही मन कहें:

- "मैं तुम्हें क्षमा करता/करती हूँ।"
- "मैं खुद को क्षमा करता/करती हूँ।"
- "हम दोनों शांति में रहें।"

4. अंत में अपने हृदय को महसूस करें — हलकापन, गर्माहट या मौन।

6. क्षमा को रोज़मर्रा में लाना (Make Forgiveness a Lifestyle)

छोटे-छोटे झगड़ों में भी गहराई से देखें:

"क्या यह गुस्सा वाकई ज़रूरी है?"

अपने अहंकार को पकड़ने की बजाय हृदय की कोमलता को चुनें।

निष्कर्ष:

क्षमा वो सेतु है जो टूटे रिश्तों को फिर से जोड़ सकता है — पर इस बार और भी गहराई से।

यह एक भीतर की क्रांति है, जो बाहर प्रेम को जन्म देती है।

"जब तुम मुझे समझने लगते हो, तब मैं खुद को भी थोड़ा बेहतर समझने लगता हूँ।"

7 साझा यादें बनाना: गहरे रिश्तों की नींव

साझा यादें किसी भी रिश्ते को मजबूत और स्थायी बनाने में अहम भूमिका निभाती हैं। चाहे वो दोस्ती हो, परिवार का रिश्ता हो या जीवनसाथी के साथ संबंध—जब हम किसी के साथ विशेष पल बिताते हैं, तो वे हमारे दिलों में एक स्थायी छाप छोड़ते हैं।

यहाँ साझा यादें बनाने के कुछ प्रभावशाली तरीके दिए गए हैं:

1. पुरानी यादों को ताज़ा करें

क्यों?

पुरानी यादें एक भावनात्मक पुल का काम करती हैं जो हमें यह याद दिलाती हैं कि हम पहले कितने करीब थे और क्या-क्या साथ में जिया है।

कैसे करें?

पुरानी तस्वीरें या वीडियो देखें: दोस्तों के साथ कॉलेज के दिनों की तस्वीरें देखें या बचपन की पारिवारिक क्लिप्स देखें।

"यादों की शाम" रखें: एक शाम तय करें जब आप सभी मिलकर पुरानी बातें, मजेदार घटनाएँ या यादगार यात्राओं के बारे में बातें करें।

साझा एल्बम बनाएं: Google Photos या किसी ऐप पर एक साझा एल्बम बनाएँ जहाँ सब अपनी यादगार तस्वीरें डाल सकें।

2. नई यादें बनाना: एक रस्म या परंपरा शुरू करें

क्यों?

नई गतिविधियाँ भावनात्मक बंधन को मजबूत करती हैं और भविष्य के लिए सकारात्मक यादें जोड़ती हैं।

कैसे करें?

हर महीने एक साथ खाना: जैसे हर महीने का पहला रविवार परिवार के साथ खाना खाने का दिन हो।

साल में एक ट्रिप: अगर हो सके तो दोस्तों या परिवार के साथ साल- दो साल मे एक छोटी सी यात्रा प्लान करें।

"संडे एक्टिविटी डे": कोई भी एक दिन तय करें जब आप साथ मिलकर कोई खेल, पेंटिंग, फिल्म देखना या बागवानी करें।

3. आध्यात्मिक या भावनात्मक जुड़ाव बनाना

क्यों?

सिर्फ बाहरी गतिविधियाँ नहीं, बल्कि भावनात्मक स्तर पर जुड़ाव रिश्तों को और गहरा करता है।

कैसे करें?

"यादों का जार" बनाएँ: एक जार लें, और हर व्यक्ति को कोई एक प्यारी या मजेदार याद एक कागज़ पर लिखने को कहें। उसे जार में डालें और महीने के अंत में या किसी खास मौके पर सब मिलकर पढ़ें।

"शुक्रिया बैठक": कभी-कभी साथ बैठें और एक-दूसरे को बताएं कि आप उनके लिए किन बातों के लिए आभारी हैं।

साझा प्रार्थना या मेडिटेशन: यदि परिवार या दोस्तों में रुचि हो, तो सप्ताह में एक दिन 10 मिनट का ध्यान या प्रार्थना एक साथ करें।

4. डिजिटल दुनिया में भी जुड़ाव बनाए रखें

क्यों?

जब लोग दूर हों, तब भी तकनीक की मदद से रिश्ते जीवित रखे जा सकते हैं।

कैसे करें?

साझा ग्रुप बनाएं (WhatsApp/Telegram): जहाँ सिर्फ मजेदार मीम्स नहीं बल्कि पुरानी यादें, तस्वीरें और विचार साझा हों।

वर्चुअल डिनर या गेम नाइट: महीने में एक बार ऑनलाइन वीडियो कॉल पर सब मिलें और कोई गेम खेलें या एकसाथ खाना खाएँ।

निष्कर्ष:

साझा यादें बनाना सिर्फ कुछ पल बिताने का नाम नहीं है—ये रिश्तों में आत्मा भरने जैसा है। जब हम किसी के साथ हँसते हैं, रोते हैं, सोचते हैं या सपने देखते हैं, तो हम अनजाने में एक ऐसी नींव डालते हैं जिस पर मजबूत और सच्चा रिश्ता खड़ा होता है।

//व्यावहारिक टिप्स: छोटे कदम: रोज 5-10 मिनट इनमें से कुछ करें—जैसे दोस्त को फोन करना या साथ चाय पीना।

सहनशीलता: हर रिश्ता अलग होता है; धीरे-धीरे बदलाव की उम्मीद करें।खुद से शुरू करें: पहले अपने मन को शांत रखें (ध्यान से), फिर रिश्तों पर काम करे

क्षमा और करुणा की शक्ति।

क्षमा और करुणा की शक्ति एक गहन और सार्वभौमिक विषय है, जो मानव जीवन और संबंधों में गहरी भूमिका निभाता है। क्षमा (forgiveness) वह गुण है जो हमें दूसरों की गलतियों को माफ करने और अपने मन से नाराजगी या द्वेष को हटाने की शक्ति देता है। यह न केवल दूसरों को शांति प्रदान करता है, बल्कि स्वयं को भी भावनात्मक बोझ से मुक्त करता है। दूसरी ओर, करुणा (compassion) वह संवेदना है जो हमें दूसरों के दुख को समझने और उनकी मदद करने के लिए प्रेरित करती है, भले ही वे हमारे निकट न हों।

ये दोनों गुण मानवता को जोड़ने और समाज में सकारात्मकता फैलाने का काम करते हैं। उदाहरण के लिए, जब कोई व्यक्ति गलती करता है और उसे क्षमा मिलती है, तो वह अपने आप में सुधार करने के लिए प्रेरित हो सकता है। इसी तरह, करुणा से प्रेरित कार्य, जैसे जरूरतमंद की सहायता करना, न केवल उनकी जिंदगी को बेहतर बनाता है, बल्कि देने वाले को भी आंतरिक संतुष्टि देता है।

क्षमा और करुणा की शक्ति एक गहन और सार्वभौमिक विषय है जो मानव जीवन को समृद्ध बनाता है। क्षमा, या माफी, वह शक्ति है जो हमें दूसरों की गलतियों को स्वीकार करने और उन्हें मुक्त करने की क्षमता देती है। यह न केवल दूसरों को शांति प्रदान करती है, बल्कि हमारे अपने मन को भी बोझ से मुक्त करती है। करुणा, या दया, वह भावना है जो हमें दूसरों के दुख को समझने और उनकी मदद करने के लिए प्रेरित करती है। ये दोनों गुण एक-दूसरे से जुड़े हुए हैं और मानवता के मूल में निहित हैं।

भारतीय दर्शन और संस्कृति में, क्षमा को एक महान गुण माना गया है। महाभारत में कहा गया है, "क्षमा वीरस्य भूषणम्" अर्थात् "क्षमा वीरों का आभूषण है।" इसी तरह, करुणा बौद्ध धर्म और जैन धर्म जैसे दर्शनों का आधार है, जहाँ सभी प्राणियों के प्रति दया भाव को सर्वोच्च महत्व दिया जाता है।

आधुनिक जीवन में भी, ये गुण हमें तनाव, क्रोध और संघर्ष से बचने में मदद करते हैं। जब हम क्षमा करते हैं, तो हम नकारात्मकता को छोड़ देते हैं, और जब हम करुणा दिखाते हैं, तो हम समाज में सकारात्मकता फैलाते हैं।

अध्याय 4:
प्रकृति के साथ जुड़ाव

प्रकृति के साथ जुड़ाव

प्रकृति और मानव का रिश्ता अनादि काल से रहा है। आध्यात्मिकता में प्रकृति को केवल संसाधन नहीं, बल्कि एक जीवंत शक्ति या देवत्व के रूप में देखा जाता है। यह जुड़ाव हमें शारीरिक, मानसिक और आत्मिक स्तर पर संतुलन और प्रेरणा देता है।

1. प्रकृति में आध्यात्मिकता

भारतीय दृष्टिकोण:

भारतीय दर्शन में प्रकृति केवल बाहरी जगत नहीं, बल्कि चेतन अस्तित्व का विस्तार है। वेदों और उपनिषदों में पंचमहाभूतों—पृथ्वी, जल, अग्नि, वायु और आकाश—को न केवल सृष्टि के आधार, बल्कि मानव शरीर और आत्मा के घटक के रूप में स्वीकार किया गया है। ऋग्वेद में नदियों की गूंज, वनों की शांति और पर्वतों की दृढ़ता को ईश्वरीय गुणों के रूप में सराहा गया है।

देवत्व का प्रतीक:

गंगा केवल नदी नहीं, माता है; हिमालय केवल पर्वत नहीं, शिव का निवास है। वृक्ष केवल छाया देने वाले नहीं, जीवनदायिनी हैं। तुलसी का पौधा श्रद्धा का केंद्र बनकर हमारे घरों में न केवल पवित्रता लाता है, बल्कि स्वास्थ्य की रक्षा भी करता है।

सार्वभौमिक एकता:

बौद्ध और जैन परंपराएँ हमें सिखाती हैं कि प्रकृति के हर तत्व में जीवन है, और हर जीवन में समभाव होना चाहिए। प्रकृति के प्रति करुणा और अहिंसा का यह भाव, हमें वैश्विक एकता और पर्यावरणीय संतुलन का संदेश देता है।

2. मानसिक और शारीरिक लाभ

1. शांति और तनावमुक्ति:

प्रकृति में समय बिताना मन की बेचैनी को शांत करता है। 'फॉरेस्ट बाथिंग' (Forest Bathing) या जापानी शब्दों में "शिनरिन-यो कु" एक ऐसी तकनीक है जिसमें लोग बिना किसी लक्ष्य के बस पेड़ों के बीच समय बिताते हैं। वैज्ञानिक शोध बताते हैं कि यह प्रक्रिया तनाव हार्मोन कॉर्टिसोल को औसतन 16% तक घटा सकती है, जिससे मानसिक शांति और विश्राम की अनुभूति होती है। नदी किनारे बैठना, पत्तों की सरसराहट सुनना या पक्षियों की चहचहाहट मन को शुद्ध करती है और चिंता से मुक्ति दिलाती है।

2. प्रेरणा और रचनात्मकता:

प्रकृति की सुंदरता—जैसे उगता सूरज, शांत झील, बादलों में छिपते पहाड़ या समुद्र की लहरें—मन में नई ऊर्जा और विचारों की तरंगें भरती हैं। कई लेखक, कवि, चित्रकार और संगीतकार अपनी रचनात्मकता के लिए प्रकृति से ही प्रेरणा पाते हैं। शोध बताते हैं कि प्राकृतिक परिवेश में कार्य करने से रचनात्मक सोच में 50% तक वृद्धि हो सकती है।

3. स्वास्थ्य पर सकारात्मक प्रभाव:

ऑक्सीजन: हरे-भरे पेड़ वातावरण को शुद्ध करते हैं और भरपूर ऑक्सीजन प्रदान करते हैं, जिससे फेफड़ों की कार्यक्षमता बढ़ती है और थकान कम होती है।

सूर्य का प्रकाश: सूर्य की किरणें शरीर में विटामिन D के निर्माण में मदद करती हैं, जो हड्डियों की मजबूती और रोग प्रतिरोधक क्षमता के लिए आवश्यक है।

ग्राउंडिंग (मिट्टी का स्पर्श): नंगे पाँव घास या मिट्टी पर चलने से शरीर विद्युत रूप से संतुलित होता है। यह प्रक्रिया 'ग्राउंडिंग' या 'अर्थिंग' कहलाती है, जिससे नींद की गुणवत्ता सुधरती है, सूजन कम होती है और हृदय स्वास्थ्य बेहतर होता है।

निष्कर्ष:

प्रकृति केवल दृश्य आनंद ही नहीं देती, बल्कि यह एक जीवंत उपचारक है जो मन, शरीर और आत्मा—तीनों को सशक्त करती है। जितना अधिक हम प्रकृति के निकट होंगे, उतना ही अधिक हम अपने भीतर की शांति और स्वास्थ्य को महसूस कर पाएंगे।

3. आधुनिक संदर्भ में प्रकृति से दूरी

1. शहरीकरण और कृत्रिम जीवनशैली:

आज का मानव, विशेषकर शहरों में रहने वाला व्यक्ति, एक ऐसे परिवेश में जी रहा है जो प्रकृति से लगभग कट चुका है। हरियाली की जगह कंक्रीट के जंगल बन चुके हैं—बड़े-बड़े भवन, शोरगुल वाली सड़कें और प्रदूषित वायुमंडल। सुबह की ताज़ा हवा की जगह अब वाहन का धुआँ है, और पक्षियों की चहचहाहट की जगह मोबाइल की घंटियाँ हैं। इस बदलाव ने इंसान और प्रकृति के मध्य की आत्मीयता को धीरे-धीरे क्षीण कर दिया है।

2. डिजिटल युग का प्रभाव:

मोबाइल, लैपटॉप और स्क्रीन के अत्यधिक उपयोग ने मनुष्य को आभासी दुनिया में उलझा दिया है। दिन का अधिकांश समय डिजिटल उपकरणों पर बिताने से लोगों का नेत्र स्वास्थ्य, नींद की गुणवत्ता, और मानसिक एकाग्रता प्रभावित हो रही है। बच्चों के खेलने की जगह अब स्क्रीन गेम्स ने ले ली है, जिससे उनका प्रकृति से जुड़ाव लगभग खत्म होता जा रहा है।

3. मानसिक स्वास्थ्य पर प्रभाव:

प्राकृतिक वातावरण से दूरी के कारण तनाव, चिंता (anxiety), अवसाद (depression) जैसे मानसिक रोगों में तीव्र वृद्धि देखी गई है। शहरी जीवन की भागदौड़, सामाजिक अलगाव और अत्यधिक प्रतिस्पर्धा इंसान को मानसिक रूप से थका देती है। वैज्ञानिक शोध भी बताते हैं कि हरियाली और प्राकृतिक दृश्य तनाव को कम करते हैं, जबकि कृत्रिम वातावरण इसे बढ़ाता है।

4. प्रकृति से पुनः जुड़ने की आवश्यकता:

अब यह केवल एक "विकल्प" नहीं, बल्कि "आवश्यकता" बन गई है कि हम दोबारा प्रकृति की ओर लौटें। सप्ताहांत पर पार्कों में समय बिताना, पेड़ लगाना, छत या बालकनी में हरियाली लाना, बच्चों को प्रकृति के निकट ले जाना—ये छोटे प्रयास भी गहरे प्रभाव डाल सकते हैं।

निष्कर्ष:

प्रकृति से दूरी केवल एक भौगोलिक या भौतिक दूरी नहीं है, यह एक आंतरिक और मानसिक दूरी बनती जा रही है। यदि हमें अपने मानसिक, शारीरिक और आध्यात्मिक स्वास्थ्य को बनाए रखना है, तो प्रकृति के साथ हमारा रिश्ता फिर से जागृत करना होगा—सचेत रूप से, स्नेह से और निरंतर प्रयास के साथ।

अध्याय 5
ध्यान और योग में प्रकृति की भूमिका

1. प्राकृतिक वातावरण का महत्व:

योग और ध्यान, मन और शरीर को संतुलित करने की विधियाँ हैं, लेकिन जब इन्हें प्राकृतिक परिवेश में किया जाए, तो इनका प्रभाव कई गुना बढ़ जाता है। खुले मैदान में सूर्य की किरणों के नीचे सूर्य नमस्कार करना, या वृक्ष की छाया में बैठकर ध्यान लगाना एक अलग ही अनुभव देता है।

प्रकृति की ध्वनियाँ—जैसे पंछियों का चहचहाना, पत्तों की सरसराहट, हवा के झोंके और दूर कहीं बहती नदी की कलकल ध्वनि—मन को सहज रूप से शांत करती हैं और ध्यान को गहराई देती हैं। यह वातावरण हमें वर्तमान क्षण में लाकर "यहाँ और अभी" से जोड़ता है, जो किसी भी ध्यान की सबसे प्रमुख आवश्यकता होती है।

2. प्राण ऊर्जा और प्राणायाम:

योग दर्शन में 'प्राण' को जीवन की मूल ऊर्जा माना गया है, और 'प्राणायाम' उस ऊर्जा के संचालन की प्रक्रिया है। जब हम ताजी, शुद्ध हवा में गहरी साँस लेते हैं, तो शरीर और मन दोनों को ऊर्जा मिलती है।

शहरों के प्रदूषित वातावरण में यह अनुभव सीमित हो जाता है, लेकिन जब कोई व्यक्ति बगीचे, जंगल या पर्वतीय क्षेत्रों में प्राणायाम करता है, तो वह वातावरण की प्राकृतिक प्राणवायु को ग्रहण करता है, जो स्वास्थ्य और चित्त की स्पष्टता के लिए अत्यंत लाभकारी होती है।

3. पृथ्वी तत्व से जुड़ाव:

योग में 'ग्राउंडिंग' का महत्व भी समझाया गया है। जब हम भूमि पर बैठते हैं या नंगे पाँव ज़मीन पर चलते हैं, तो हमारी ऊर्जा पृथ्वी से संतुलित होती है। यह हमें

भीतर से स्थिर और संतुलित बनाती है, जिससे ध्यान और आसनों में स्थायित्व आता है।

4. योगिक ग्रंथों में प्रकृति की भूमिका:

प्राचीन योग ग्रंथों में ऋषि-मुनियों को वनों, गुफाओं, या शांत प्राकृतिक स्थलों पर ध्यानस्थ बताया गया है। 'पतंजलि योगसूत्र' में कहा गया है:

"स्थितप्रज्ञस्य" – यानी जो स्थितप्रज्ञ है, वह प्रकृति की सहायता से अपनी चित्तवृत्तियों को शांत कर पाता है।

निष्कर्ष:

ध्यान और योग केवल अभ्यास की विधियाँ नहीं, बल्कि प्रकृति से जुड़ने के माध्यम भी हैं। जब हम इन क्रियाओं को प्रकृति के सान्निध्य में करते हैं, तो हम न केवल अपने शरीर और मन को शुद्ध करते हैं, बल्कि अपने भीतर और बाहर के वातावरण को भी एक दिव्य लय में लाते हैं।

5. प्रकृति के साथ जुड़ने के तरीके

वृक्षारोपण: पेड़ लगाना और उनकी देखभाल करना पर्यावरण और आत्मा दोनों के लिए लाभकारी है।

सैर और अवलोकन: सुबह की सैर में फूलों, पत्तियों और आसमान को निहारना मन को तरोताजा करता है।

मौन में समय: किसी प्राकृतिक स्थान पर चुपचाप बैठकर उसकी ऊर्जा को महसूस करना आध्यात्मिक अनुभव देता है।

संरक्षण: प्रकृति का सम्मान करने के लिए प्रदूषण कम करना, पानी बचाना और पुनर्चक्रण जैसे कदम उठाना जरूरी है।

उदाहरण: -

ऋषि-मुनियों का जीवन: प्राचीन काल में ऋषि जंगलों और हिमालय में तप करते थे, क्योंकि प्रकृति उन्हें शक्ति और शांति देती थी।

पेड़, नदी, या सूर्योदय में ईश्वर को देखना।

पेड़, नदी, या सूर्योदय में ईश्वर को देखना एक गहन आध्यात्मिक अनुभव है, जो प्रकृति को केवल भौतिक रूप से नहीं, बल्कि उसमें निहित दिव्यता के प्रतीक के रूप में देखने की भावना से जुड़ा है। यह विचार भारतीय दर्शन, कविता, और रोजमर्रा की आस्था में गहराई से समाया हुआ है। आइए इसे विस्तार से समझते हैं:

1. पेड़ में ईश्वर

1. आध्यात्मिक प्रतीक:

पेड़ केवल एक वनस्पति नहीं, बल्कि जीवन का प्रतीक है—स्थिरता, सहनशीलता और निस्वार्थ सेवा का आदर्श रूप। यह बिना किसी भेदभाव के सभी को छाया, फल, फूल, लकड़ी और सबसे महत्त्वपूर्ण – प्राणवायु (ऑक्सीजन) देता है। यह ईश्वर की उस दिव्य प्रवृत्ति का प्रतिनिधित्व करता है, जो देता है, पर बदले में कुछ नहीं माँगता।

भारतीय संस्कृति में वटवृक्ष (बरगद का पेड़) विशेष स्थान रखता है। इसकी विशालता और दीर्घायु प्रकृति इसे अनंतता, स्थायित्व और शरण का प्रतीक बनाती है। यह वृक्ष हजारों वर्षों तक जीवित रह सकता है—ठीक उसी तरह जैसे ईश्वर कालातीत है।

2. दर्शन का दृष्टिकोण:

उपनिषदों और अन्य वैदिक ग्रंथों में वृक्षों को ब्रह्म (सर्वव्यापक परम तत्त्व) से जोड़ा गया है। एक प्रसिद्ध उपमा में कहा गया है:

"वृक्षस्य मूलं ब्रह्म, शाखाएं देवता, पत्ते वेद"

– इसका अर्थ है कि जैसे वृक्ष की जड़ें आधार होती हैं, वैसे ही ब्रह्मांड का आधार ब्रह्म है। वृक्ष का तना धर्म और नीति का प्रतीक होता है, जो उसे मजबूती देता है। उसकी शाखाएं समाज और संस्कृति की विविधता को दर्शाती हैं, और उसके पत्ते ज्ञान (वेद) की तरह जीवन को पोषित करते हैं।

3. भावनात्मक और प्रतीकात्मक जुड़ाव:

जब कोई व्यक्ति पेड़ की छाया में विश्राम करता है, तो वह अनजाने में ईश्वर की गोद में विश्राम कर रहा होता है।

जब कोई बीज बोता है और वर्षों बाद वह विशाल वृक्ष बनता है, तो वह सृजन की प्रक्रिया को देखता है, जो स्वयं ईश्वर की रचना का प्रतिबिंब है।

तुलसी, पीपल, बेल, नीम जैसे वृक्षों की पूजा भारत में केवल परंपरा नहीं, बल्कि प्रकृति में ईश्वर को देखने की दृश्य आध्यात्मिकता है।

4. वर्तमान संदर्भ में शिक्षा:

आज जब मानव प्रकृति को नष्ट कर रहा है, तो यह समझना आवश्यक है कि वृक्षों का अपमान ईश्वर का अपमान है। यदि हम पेड़ों को काटते हैं, तो हम न केवल पर्यावरण को, बल्कि उस दिव्यता को भी चोट पहुँचा रहे हैं जिसे हमने हजारों वर्षों से पूजा है।

निष्कर्ष:

पेड़ केवल प्रकृति का हिस्सा नहीं बल्कि ईश्वर का प्रत्यक्ष रूप हैं— जो मौन, स्थिर, और दयालु हैं। यदि हम वास्तव में ईश्वर की उपासना करना चाहते हैं, तो हमें वृक्षों की रक्षा करनी चाहिए, उन्हें बोना चाहिए, और उनके साथ एक आध्यात्मिक रिश्ता बनाना चाहिए। जब आप पेड़ के नीचे बैठते हैं और उसकी शीतलता या पत्तियों की सरसराहट महसूस करते हैं, तो एक शांति और जुड़ाव का अनुभव होता है, मानो ईश्वर उसमें मौजूद हो।

2. नदी में ईश्वर

1. पवित्रता और प्रवाह का प्रतीक:

नदी केवल जल का स्रोत नहीं, बल्कि जीवनदायिनी शक्ति है। यह धरती को सींचती है, अन्न उपजाने में सहायक होती है, मनुष्य और जीव-जंतुओं के जीवन को पोषण देती है। गंगा, यमुना, सरस्वती जैसी नदियों को "माता" कहा जाता है, क्योंकि वे

उसी तरह पालन-पोषण और संरक्षण करती हैं, जैसे एक माँ अपने बच्चे का करती है।

गंगा को विशेष रूप से मोक्षदायिनी कहा गया है—इसका जल न केवल शारीरिक पवित्रता के लिए, बल्कि आत्मिक शुद्धि के लिए भी उपयोग होता है। यह ईश्वर की उस निर्मल, निस्वार्थ और शुद्ध करुणा का रूप है, जो सबको बिना भेदभाव के प्राप्त होती है।

2. आध्यात्मिक संदेश – निरंतरता और समर्पण:

नदी का सतत प्रवाह हमें सिखाता है कि जीवन में स्थिर न रहकर निरंतर आगे बढ़ते रहना चाहिए। जैसे नदी चट्टानों, बाधाओं और मोड़ों के बावजूद बहती रहती है, वैसे ही मनुष्य को भी संकटों से जूझकर आत्मविकास की दिशा में बहते रहना चाहिए।

> "नदी रुकती नहीं, पीछे नहीं देखती—वह केवल प्रवाह में रहती है। यह प्रवाह ही ध्यान और जीवन की साधना का सार है।"

3. पापों का शोधन – करुणा का प्रतीक:

हिंदू धर्म में यह विश्वास है कि गंगा स्नान से पापों का शोधन होता है। यह बात केवल धार्मिक नहीं, बल्कि प्रतीकात्मक है—जैसे जल शरीर को साफ करता है, वैसे ही नदी की समीपता और शरण मन को भी शुद्ध करती है। यह हमें ईश्वर की अनंत करुणा की याद दिलाती है—जो गलतियाँ होने पर भी हमें अपनाने को तैयार रहता है, जैसे नदी हर किसी को शरण देती है—चाहे वह कितना भी दूषित क्यों न हो।

4. संस्कृति में स्थान:

ऋग्वेद में नदियों को देवियों की तरह स्तुति की गई है।

गंगा दशहरा, छठ पूजा, और यमुनाष्टमी जैसे पर्व नदियों को सम्मान देने के रूप में मनाए जाते हैं।

गंगा की उत्पत्ति को स्वयं शिव से जोड़ा गया है—जैसे ब्रह्म से निकली चेतना सृष्टि की ओर प्रवाहित हो रही हो।

5. वर्तमान संदर्भ में सीख:

आज जब नदियाँ प्रदूषण, अतिक्रमण और लालच की शिकार हो रही हैं, यह समझना आवश्यक है कि हम केवल प्रकृति को नहीं, आध्यात्मिक मूल्यों को भी नुकसान पहुँचा रहे हैं।

यदि हम ईश्वर को नदी में देखते हैं, तो उसकी रक्षा भी उतनी ही श्रद्धा से करनी चाहिए—जैसे किसी मंदिर की करते हैं।

निष्कर्ष:

नदी केवल जलधारा नहीं, बल्कि ईश्वर की चेतना का प्रवाह है—शुद्धता, दया, निरंतरता और पोषण का प्रतीक। यदि हम नदियों को फिर से अपनी आध्यात्मिक माँ मानें, तो शायद हम न केवल उन्हें बचा सकें, बल्कि स्वयं को भी। नदी किनारे बैठकर उसकी लहरों को देखना या उसके जल को स्पर्श करना एक ध्यान जैसा अनुभव देता है, जिसमें ईश्वर की उपस्थिति महसूस होती है। कबीर ने कहा था, "जैसे नदिया बहती जाए, वैसे ही प्रभु का नाम लेते जाओ।"

3. सूर्योदय में ईश्वर

1. प्रकाश और ऊर्जा का प्रतीक:

सूर्योदय केवल एक प्राकृतिक घटना नहीं, बल्कि ईश्वर की उपस्थिति का सबसे स्पष्ट और प्रत्यक्ष अनुभव है। जैसे ही सूर्य क्षितिज पर उगता है, अंधकार धीरे-धीरे मिटने लगता है—यह प्रकृति का सबसे सुंदर संदेश है कि हर अंधकार के बाद प्रकाश अवश्य आता है।

वेदों में सूर्य को "सविता" कहा गया है—अर्थात वह जो सभी को उत्पन्न करता है, पोषित करता है और ऊर्जा देता है।

गायत्री मंत्र, जो ऋग्वेद का सबसे प्रसिद्ध मंत्र है, सूर्य की दिव्यता का गुणगान करता है:

> "ॐ भूर् भुवः स्वः, तत्सवितुर्वरेण्यं..."

— यह मंत्र सविता देवता (सूर्य) के दिव्य तेज से हमें प्रेरित करने की प्रार्थना है।

सूर्य का प्रकाश पृथ्वी पर जीवन का स्रोत है—पेड़, जलचक्र, ऋतु— सब कुछ इसपर निर्भर हैं । इस प्रकार सूर्य का उगना ईश्वर के सृजनात्मक कार्य का जीवंत उदाहरण है।

2. दिव्यता का दर्शन:

सूर्योदय के समय का आकाश—नारंगी, सुनहरा, गुलाबी रंगों से भरा होता है। यह दृश्य केवल सौंदर्य नहीं, बल्कि एक दिव्य अनुभव होता है, जहाँ प्रकृति मानो ईश्वर की रंगों से सजी हुई चित्रकला बन जाती है।

जब सूर्य की पहली किरणें पृथ्वी को स्पर्श करती हैं, तो वह मानो ईश्वर का स्पर्श होता है—जो हर कोने को आलोकित कर देता है। यह केवल भौतिक प्रकाश नहीं, बल्कि आध्यात्मिक जागरण का प्रतीक है। जैसे आत्मा अज्ञान के अंधकार से बाहर आकर सत्य के प्रकाश में प्रवेश करती है।

"प्रभात का पहला प्रकाश ईश्वर की मुस्कान है।"

3. आध्यात्मिकता और ध्यान में महत्व:

प्राचीन योगियों और साधकों के लिए सूर्योदय का समय "ब्रह्ममुहूर्त" कहलाता है—यह वह क्षण होता है जब वातावरण शांत, शुद्ध और ऊर्जा से भरा होता है। यही समय ध्यान, प्रार्थना और योग के लिए सबसे उपयुक्त माना गया है।

सूर्य की ओर मुख करके किया गया सूर्य नमस्कार केवल एक शारीरिक अभ्यास नहीं, बल्कि एक आभार प्रकट करने की आध्यात्मिक विधि है। सूर्य को अर्घ्य देना भारतीय संस्कृति में ईश्वर से प्रत्यक्ष संवाद माना गया है।

4. प्रेरणा और आशा का प्रतीक:

हर सूर्योदय हमें यह सिखाता है कि हर रात के बाद एक नई सुबह आती है। जीवन में चाहे कितने भी अंधेरे क्षण क्यों न हों, यदि धैर्य और विश्वास हो, तो नया उजाला अवश्य होगा।

सूर्योदय केवल भौतिक रूप से दिन की शुरुआत नहीं करता, बल्कि मानसिक और आत्मिक रूप से भी एक नई ऊर्जा, एक नई दृष्टि देता है। यह नवजागरण का प्रतीक है—जैसे आत्मा ईश्वर के आलोक में जागती है।

निष्कर्ष:

सूर्योदय में हम केवल सूर्य नहीं, बल्कि ईश्वर की चेतना, शक्ति और करुणा को देख सकते हैं। उसकी प्रत्येक किरण जीवन में नया उत्साह, नई प्रेरणा और नई दिशा लेकर आती है। यदि हम ध्यानपूर्वक देखें, तो हर सूर्योदय हमें ईश्वर का एक नया संदेश देता है—"उठो, जागो, और जीवन को आलोकित करो।" सुबह सूर्योदय को निहारते हुए उसकी गर्माहट और शांति में डूबना एक आध्यात्मिक संनाद जैसा है। योग में सूर्य नमस्कार इसी शक्ति को श्रद्धांजलि है।

4. क्यों देखें ईश्वर प्रकृति में?

सर्वव्यापी ईश्वर: भारतीय दर्शन में ईश्वर को सर्वत्र माना गया है—"ईशावास्यम् इदं सर्वम्" (ईशावास्य उपनिषद), अर्थात् सब कुछ ईश्वर से व्याप्त है। पेड़, नदी और सूर्य में उसे देखना इसी विश्वास का हिस्सा है।

सादगी में सौंदर्य: प्रकृति की सादगी और उसका चमत्कार हमें याद दिलाता है कि ईश्वर जटिलता में नहीं, बल्कि सृजन की सहजता और सरलता में है।

मानसिक शांति: जब हम प्रकृति में ईश्वर को देखते हैं, तो हमारा मन भौतिक चिंताओं से हटकर उस अनंत शक्ति से जुड़ता है, जिससे शांति और प्रेरणा मिलती है।

5. कविता और व्यक्तिगत अनुभव

संतों की वाणी: तुलसीदास ने लिखा, "सियाराम मय सब जग जानी," यानी सारा संसार राममय है। प्रकृति में ईश्वर को देखना इसी भाव का विस्तार है।

आपका अनुभव: कभी नदी के किनारे बैठकर उसकी धारा को देखें, या सूर्योदय के समय मौन रहकर उसकी किरणों को महसूस करें—यह अनुभव आपको ईश्वर के करीब ले जाएगा।

उदाहरण ऋषिकेश में गंगा: लोग गंगा में स्नान करते हैं और उसमें ईश्वर का आशीर्वाद महसूस करते हैं।

सूर्य मंदिर: कोणार्क या अन्य सूर्य मंदिर सूर्य में ईश्वर के दर्शन की परंपरा को दर्शाते हैं।

अध्याय 6:
अपने भीतर की यात्रा..

"अपने भीतर की यात्रा" एक ऐसा विषय है जो आत्म-खोज, आत्म-जागरूकता और आध्यात्मिक विकास की ओर इशारा करता है। यह मानव जीवन की सबसे गहरी और व्यक्तिगत खोज है—अपने असली स्वरूप को जानने की प्रक्रिया। मैं इसे भारतीय दर्शन, योग, और आधुनिक मनोविज्ञान के परिप्रेक्ष्य में समझाऊंगा। अपने भीतर की यात्राअपने भीतर की यात्रा का मतलब है बाहरी दुनिया से ध्यान हटाकर अपने मन, आत्मा और चेतना की गहराई में उतरना। यह वह यात्रा है जो हमें सवालों के जवाब देती है जैसे—मैं कौन हूँ? मेरा उद्देश्य क्या है? सच्ची शांति कहाँ है?

1. आत्म-जागरूकता की शुरुआत

1. प्रश्नों का उदय – "कोऽहम्?" (मैं कौन हूँ?)

आत्म-जागरूकता की यात्रा अक्सर तब आरंभ होती है जब मनुष्य सांसारिक जीवन की दौड़-धूप, उपलब्धियों और दुःखों के बीच कुछ खोया-सा महसूस करता है। वह पूछता है:

"क्या जीवन केवल कार्य, संबंध, और सफलता तक सीमित है?"

"मैं वास्तव में कौन हूँ? मेरा उद्देश्य क्या है?"

यह प्रश्न – "कोऽहम्?" – उपनिषदों और वेदांत की आत्मा है।

यह प्रश्न आत्मा और मन के बीच के पर्दे को हटाने की पहली कोशिश है। यह हमारे सच्चे अस्तित्व को जानने की उत्कंठा है।

2. मन का अवलोकन

हममें से अधिकतर लोग स्वयं को अपने विचारों, भावनाओं, या अनुभवों से पहचानते हैं, लेकिन आत्म-जागरूकता में पहला कदम है:

"मैं अपने विचार नहीं हूँ, मैं उनका साक्षी हूँ!"

जब हम स्वयं को विचारों की धारा से अलग करके देखना शुरू करते हैं—बिना उनकी आलोचना किए, बिना उनसे जुड़ाव बनाए—तब एक नया द्वार खुलता है।

यह प्रक्रिया कहलाती है "साक्षीभाव"—जहाँ हम अपने मन की गतिविधियों के द्रष्टा बनते हैं।

उदाहरण:

जब क्रोध आता है, हम कहते हैं "मैं क्रोधित हूँ" — पर सच्चाई यह है, "क्रोध एक अनुभव है जो मन में हो रहा है; मैं उसका अवलोकन कर रहा हूँ।" यह अंतर समझना आत्म-जागरूकता की शुरुआत है।

3. आत्म-जागरूकता के उपकरण

(क) ध्यान:

ध्यान वह विधि है जिससे हम भीतर की ओर देखने का अभ्यास करते हैं। यह विचारों की गति को धीमा करता है और आत्मा की शांति को उजागर करता है।

विशेषकर साक्षी ध्यान और विपश्यना आत्म-जागरूकता के लिए अत्यंत प्रभावशाली माने गए हैं।

(ख) स्वाध्याय:

अपने भीतर झाँकना केवल मौन से नहीं, बल्कि शास्त्रों, सत्संग, और आध्यात्मिक ग्रंथों के अध्ययन से भी होता है।

उपनिषद, भगवद्गीता, पतंजलि योगसूत्र आदि में वह ज्ञान है जो आत्मा की ओर इंगित करता है।

(ग) मौन:

मौन केवल वाणी का अभाव नहीं, बल्कि भीतर की बातचीत का विश्राम है। जब हम मौन होते हैं, तो जीवन के प्रति हमारी ग्रहणशीलता बढ़ती है, और अंतःकरण में छिपे सत्य उभरने लगते हैं। मौन में ही आत्मा की आवाज सुनी जा सकती है।

4. आत्म-जागरूकता की भूमिका क्या है?

यह हमें स्वतंत्र बनाती है — भावनाओं, आदतों और सामाजिक परतों से। यह हमारे जीवन में सच्ची स्पष्टता लाती है – हम जानते हैं कि हमें क्या चाहिए और क्यों चाहिए। यह ईश्वर से मिलन की ओर पहला कदम है, क्योंकि जब "मैं कौन हूँ?" का उत्तर मिलता है, तब "ईश्वर कौन है?" अपने आप स्पष्ट हो जाता है।

निष्कर्ष:

आत्म-जागरूकता की शुरुआत एक साधारण से प्रश्न से होती है, लेकिन यह हमें असाधारण सत्य की ओर ले जाती है। यह यात्रा अकेली होती है, परंतु परम आनंददायी। इसमें कोई दिशा-बोर्ड नहीं होता, लेकिन भीतर की रोशनी मार्गदर्शन करती है।

यह वह राह है जो "स्व" से "परमात्मा" तक पहुँचती है।

2.

1. आत्मा का स्वरूप – "अहम् ब्रह्मास्मि"

वेदांत दर्शन (विशेषतः अद्वैत वेदांत) का केंद्रीय विचार यह है कि मनुष्य का वास्तविक स्वरूप आत्मा है, न कि शरीर या मन।

आत्मा की विशेषताएँ:

- शाश्वत: आत्मा कभी जन्म नहीं लेती, न ही मरती है।
- असीम: यह सीमाओं से परे है – समय, स्थान और शरीर से मुक्त।
- अनश्वर: न इसे आग जला सकती है, न जल भिगो सकता है, न हवा सुखा सकती है।

"अहम् ब्रह्मास्मि" (मैं ही ब्रह्म हूँ):

यह महावाक्य बृहदारण्यक उपनिषद से लिया गया है और कहता है कि व्यक्ति और ब्रह्म (सर्वोच्च चेतना) में कोई भेद नहीं है। यह भीतर की यात्रा की चरम अवस्था है – जब साधक अपने भीतर उसी ईश्वर को अनुभव करता है।

2. माया से मुक्ति – भ्रम से सत्य की ओर

माया का अर्थ है भ्रम या आभासी वास्तविकता। भारतीय दर्शन कहता है कि: जो कुछ भी परिवर्तनशील है—जैसे सुख-दुख, सफलता -असफलता, शरीर, रिश्ते—वह माया है। माया हमें स्थायी आनंद का भ्रम देती है, लेकिन अंततः यह दुःख का कारण बनती है।

भीतर की यात्रा का उद्देश्य:

- इस माया को पहचानना और उससे परे जाना।
- आत्मा के शुद्ध और अपरिवर्तनीय स्वरूप को जानना।

जब साधक माया से मुक्त होता है, तभी उसे मुक्ति (मोक्ष) मिलती है।

उपनिषदों में कहा गया है:

"नेति, नेति" – "यह नहीं, यह नहीं"

यानी, जो दिखाई देता है वह सत्य नहीं; सत्य तो भीतर है, जिसे अनुभव करना होता है।

3. योग का मार्ग – प्रत्याहार और ध्यान के माध्यम से

पतंजलि योगसूत्र में योग को आठ अंगों (अष्टांग योग) में बाँटा गया है। भीतर की यात्रा विशेष रूप से दो अंगों पर आधारित है:

(क) प्रत्याहार:

इसका अर्थ है – इंद्रियों को बाहरी विषयों से हटाकर भीतर की ओर मोड़ना। यह वह अवस्था है जब आँखें बंद होती हैं, लेकिन दृष्टि भीतर जाती है। यह बाहरी माया से दूर हटकर आत्मा की ओर मुड़ने का पहला कदम है।

(ख) ध्यान:

ध्यान उस स्थिति का नाम है जहाँ साधक निरंतर एक ही विषय (आत्मा या ईश्वर) पर मन को स्थिर रखता है। ध्यान हमें धीरे-धीरे मन, विचार, और अहंकार से परे ले जाता है – जहाँ केवल "मैं" बचता है, और वह "मैं" ही आत्मा है।

अंतिम अवस्था:

योग का अंतिम लक्ष्य है – समाधि – जहाँ साधक आत्मा में स्थित हो जाता है, और द्वैत (मैं और ईश्वर का भेद) समाप्त हो जाता है।

निष्कर्ष:

भारतीय दर्शन में भीतर की यात्रा एक ऐसी साधना है, जो असत्य से सत्य, अज्ञान से ज्ञान, और मृत्यु से अमरत्व की ओर ले जाती है।

यह यात्रा हमें सिखाती है कि बाहर कुछ भी स्थायी नहीं—सच्चा सुख और शांति केवल भीतर है। जब हम "मैं कौन हूँ?" का उत्तर भीतर से अनुभव करते हैं, तब ही जीवन का वास्तविक उद्देश्य पूर्ण होता है।

3. 1. मन की शांति – भीतर के मौन से साक्षात्कार

ध्यान केवल आँखें बंद करके बैठना नहीं है, बल्कि यह मन की परतों को पार कर अंतर्मन तक पहुँचना है।

विचारों के पार:

ध्यान में हम विचारों का द्रष्टा बनते हैं – न उन्हें रोकते हैं, न पकड़ते हैं। जैसे-जैसे हम विचारों से दूरी बनाते हैं, एक अंतराल उभरता है – जिसे "शून्यता" कहते हैं। यही शून्यता आत्मा की मौन भाषा है।

भीतर की शक्ति:

जब हम इस मौन में प्रवेश करते हैं, तो वहाँ डर नहीं होता, अपेक्षा नहीं होती – केवल स्वस्थ, शांत और साक्षी भाव होता है। यहीं से आत्म-बल, स्पष्टता और करुणा का जन्म होता है।

वैज्ञानिक दृष्टिकोण:

न्यूरोसाइंस भी मानता है कि नियमित ध्यान से:

- Cortisol (तनाव हार्मोन) कम होता है
- मस्तिष्क के प्री-फ्रंटल कॉर्टेक्स में सक्रियता बढ़ती है, जिससे निर्णय शक्ति और सहानुभूति बढ़ती है।

2. कुंडलिनी जागरण – आंतरिक ऊर्जा की यात्रा

योगशास्त्र में 'कुंडलिनी' को एक सुप्त (सोई हुई) शक्ति माना गया है, जो मानव शरीर के मूलाधार में स्थित होती है।

क्या है कुंडलिनी?

यह एक आध्यात्मिक ऊर्जा है, जो सर्पाकार अवस्था में शरीर के आधार पर कुण्डली मारकर सोई रहती है। ध्यान, प्राणायाम, मंत्र और शुद्ध जीवनशैली के माध्यम से यह शक्ति जागृत होती है।

चक्रों की यात्रा:

जब कुंडलिनी जागृत होती है, तो यह शरीर के सात प्रमुख चक्रों को पार करती हुई सहस्रार चक्र (मस्तिष्क के शीर्ष पर) तक जाती है –

यह यात्रा आत्मा को परमात्मा से जोड़ती है।

प्रभाव:

आत्मिक ज्ञान की वृद्धि

- अंतरबोध (intuition)
- निर्मल आनंद (Bliss)

- चेतना का विस्तार

सावधानी:

यह प्रक्रिया अत्यंत शक्तिशाली है, इसलिए गुरु के मार्गदर्शन में ही किया जाना चाहिए, अन्यथा मानसिक और शारीरिक असंतुलन हो सकता है।

3. वर्तमान में जीना – ध्यान का सबसे व्यावहारिक लाभ

मन की प्रकृति:

हमारा मन या तो अतीत में उलझा रहता है (पछतावा, दुख) या भविष्य में भटकता है (चिंता, डर)। ध्यान और योग मन को "अभी और यहीं" में लाते हैं – और यही मुक्ति की शुरुआत है।

वर्तमान क्षण में ईश्वर है:

उपनिषद कहते हैं –

> "कालो हि भगवान्" – समय स्वयं भगवान है।

और भगवान केवल वर्तमान क्षण में अनुभव किया जा सकता है।

योग में "स्मृति" (Mindfulness):

प्रत्येक आसन या प्राणायाम में सजगता (Awareness) का अभ्यास हमें वर्तमान से जोड़ता है –

- भोजन करते समय भोजन में
- चलने में चलने में
- साँस लेने में साँस में

यही अभ्यास अंततः जीवन को ही ध्यान बना देता है।

निष्कर्ष:

ध्यान और योग केवल मानसिक शांति के उपाय नहीं हैं, ये भीतर की सबसे गहरी यात्रा के द्वार हैं।

इनके प्रभाव:

- हमें भीतर के मौन से जोड़ते हैं,
- कुंडलिनी की चेतना को जागृत करते हैं,
- वर्तमान क्षण में जीना सिखाते हैं।

यह मार्ग हमें केवल शांत नहीं करता, बल्कि जागरूक, जीवंत और दिव्य बनाता है।

4. 1. प्रकृति का दर्पण – भीतर के सत्य की झलक

प्रकृति केवल दृश्य सौंदर्य नहीं, बल्कि एक जीवंत प्रतीक है – जो हमारे भीतर के गुणों और अवस्थाओं को प्रतिबिंबित करती है।

पेड़ की शांति:

एक वृक्ष बिना बोले बहुत कुछ सिखाता है –

- स्थिरता - चाहे आँधी आए
- निस्वार्थ सेवा - बिना भेदभाव के छाया और फल देना
- धैर्य - वर्षों तक बढ़ते रहना बिना हड़बड़ी के

यह हमें भीतर स्थिर और शांत रहने की प्रेरणा देता है, जैसे ध्यान में साधक बनता है।

नदी का प्रवाह:

नदी बहती रहती है – कभी शांत, कभी वेग से।

यह सिखाती है: जीवन को रोके बिना स्वीकारते रहो, बाधाएँ आएँ तो उनका मार्ग बदल दो, पर ठहरो मत, शुद्ध रहो, पर साथ ही सबको जीवन दो

यह योग और ध्यान की अवस्था का प्रतीक है – सतत प्रवाह में एक संतुलित चेतना।

सूर्योदय की ऊर्जा:

हर सुबह सूर्य नई शुरुआत लाता है –

हमें सिखाता है कि हर दिन जागो, अज्ञान के अंधकार से प्रकाश की ओर बढ़ो

गायत्री मंत्र में यही भावना है –

> "भर्गो देवस्य धीमहि..." – हे प्रकाश स्वरूप देव, हमें सद्बुद्धि दो

सूर्योदय का यह दिव्य रंग भीतर ऊर्जा, आस्था और चेतना का संचार करता है।

2. एकांत में खोज – प्रकृति की गोद में आत्म-साक्षात्कार

एकांत – यह साधना का वो मौन स्थल है जहाँ शब्द नहीं, केवल स्वर होता है – आत्मा का। और ऐसा एकांत सबसे सहज रूप से हमें प्रकृति में ही मिलता है।

जंगलों में मौन:

वृक्षों की छाया में, पक्षियों की चहचहाहट के बीच बैठना –

यह हमें भीतर की ध्वनियों से जोड़ता है, जो शहर के कोलाहल में दब जाती हैं।

पहाड़ों में दूरी:

ऊँचाइयाँ हमें जीवन की ऊँचाइयों का स्मरण कराती हैं।

जब हम प्रकृति के विशाल रूपों के सामने खड़े होते हैं, तब हमारा अहंकार स्वयं लघु हो जाता है – और वही विनम्रता ध्यान की पहली सीढ़ी है।

ऋषियों की परंपरा:

भारत की तप: परंपरा में ऋषि-मुनि वनों में साधना करते थे – क्योंकि वहाँ प्रकृति से कोई विरोध नहीं था, वहाँ केवल स्वाभाविकता थी – और वही आत्मा का भी स्वभाव है।

3. प्रकृति में ईश्वर को देखना – आत्म-ईश्वर की अनुभूति

प्रकृति = सगुण ब्रह्म:

उपनिषद कहते हैं –

> "ईशावास्यमिदं सर्वं..." – सब कुछ ईश्वर से व्याप्त है

जब हम पेड़, नदी, पर्वत, आकाश – इन सबमें ईश्वर का दर्शन करते हैं, तब धीरे-धीरे हम यह भी अनुभव करते हैं कि ईश्वर भीतर भी वही है।

बाहर का ध्यान, भीतर का बोध:

- बाहर सूर्य को नमन करने से भीतर चेतना जागती है
- बाहर नदी की ध्वनि में लय खोजने से मन भीतर शांत होता है
- बाहर वृक्ष की छाया में बैठने से आत्मा विश्राम करती है

यही सगुण से निर्गुण तक की यात्रा है।

निष्कर्ष:

प्रकृति केवल बाहरी सौंदर्य नहीं, आत्मा का प्रतिबिंब है। जब हम उसकी नकल नहीं, उसके मौन से सीखते हैं, तब भीतर की ऊर्जा जागती है, और ध्यान की अनुभूति सहज हो जाती है।

प्रकृति को देखना, वास्तव में अपने भीतर झाँकना है।

वह हमें सिखाती है –

- शांत रहो जैसे वृक्ष
- बहो जैसे नदी
- उजियारा फैलाओ जैसे सूरज
- और एकांत में संवाद करो... अपने आप से।

5. 1. मनोविज्ञान: कार्ल जंग और इंडिविजुएशन (Individuation)

स्विस मनोवैज्ञानिक कार्ल जंग ने कहा था कि हर व्यक्ति का असली उद्देश्य अपने 'स्व' (Self) को पहचानना और संपूर्ण बनना है।

इसी प्रक्रिया को उन्होंने कहा—Individuation।

क्या है इंडिविजुएशन?

यह एक ऐसी प्रक्रिया है जिसमें व्यक्ति अपने अवचेतन (unconscious) को समझते हुए अपने भीतर छिपे सत्य, संभावनाएं और छायाएँ (shadow self) स्वीकार करता है। इसका अंतिम उद्देश्य है—पूर्णता (Wholeness) और आंतरिक संतुलन।

भारतीय दर्शन से समानता:

यह बिल्कुल वेदांत की "अहम् ब्रह्मास्मि" की यात्रा जैसी है, जहाँ आत्मा को शरीर-मन से अलग समझा जाता है।

जंग भी मानते थे कि मनुष्य के भीतर एक गहरी, सार्वभौमिक चेतना (Collective Unconscious) होती है—जो भारतीय दृष्टिकोण में ब्रह्म के समान है।

2. माइंडफुलनेस – ध्यान का आधुनिक रूप

माइंडफुलनेस यानी वर्तमान क्षण में पूरी जागरूकता से उपस्थित रहना, बिना किसी निर्णय या प्रतिक्रिया के।

मूल: यह बौद्ध ध्यान परंपरा से निकला विचार है—विशेष रूप से विपश्यना ध्यान से।

आधुनिक उपयोग: आज माइंडफुलनेस को तनाव-प्रबंधन, चिंता, अवसाद, और आत्म-जागरूकता के लिए प्रयोग किया जा रहा है।

MBSR (Mindfulness-Based Stress Reduction) और MBCT (Mindfulness-Based Cognitive Therapy) जैसे कार्यक्रम वैज्ञानिक रूप से सिद्ध हैं।

ध्यान से संबंध:

माइंडफुलनेस ध्यान का ही सरल रूप है, जहाँ व्यक्ति अपने विचारों, श्वास, शरीर और भावनाओं को केवल देखता है, उससे जुड़ता नहीं।

योग में साम्यता:

योगसूत्र में भी "स्वरूपेऽवस्थानम्" (अपने स्वरूप में स्थित होना) का यही अर्थ है।

3. उद्देश्य की खोज – Meaning Beyond Material

आज की दुनिया में लोग:

करियर, पैसे, और रिश्तों की तलाश में भाग रहे हैं लेकिन अंदर से खाली और असंतुष्ट हैं मानसिक बीमारियाँ, चिंता, बर्नआउट इसका संकेत हैं

भीतर की यात्रा ही है जो व्यक्ति को असली उद्देश्य (Purpose) से जोड़ती है

"मैं क्यों हूँ?", "मुझे क्या करना है?" जैसे प्रश्नों के उत्तर देती है

यह केवल धर्म या दर्शन नहीं, एक मानविक आवश्यकता है

विक्टर फ्रैंकल (Logotherapy के जनक) ने भी कहा:

> "मनुष्य का सबसे बड़ा प्रेरक बल – अर्थ की खोज है।"

(Man's search for meaning is the primary motivation in life.)

निष्कर्ष:

आधुनिक विज्ञान और मनोविज्ञान अब उसी सत्य की पुष्टि कर रहे हैं, जिसे भारत की ध्यान और दर्शन परंपरा ने हजारों साल पहले जाना—कि: , भीतर की यात्रा ही आत्म-जागृति का मार्ग है

यह यात्रा ध्यान, माइंडफुलनेस, आत्म-अवलोकन और उद्देश्य की खोज से पूरी होती है

आधुनिक जीवन की जटिलता के बीच, यह यात्रा अब एक विकल्प नहीं, एक आवश्यकता बन गई है

6. 1. ध्यान: मन की मौन यात्रा

कैसे करें?

एक शांत स्थान पर बैठें, पीठ सीधी रखें, आँखें बंद करें।

अपनी साँसों पर ध्यान केंद्रित करें—सांस का आना-जाना महसूस करें। विचार आएँ तो उन्हें जाने दें, बस देखें—जैसे बादल आकाश में तैरते हैं। प्रतिदिन केवल 10-15 मिनट से शुरू करें, समय के साथ बढ़ाएँ।

लाभ:

- विचारों से दूरी बनती है—हम जान पाते हैं कि हम विचार नहीं, विचारों के साक्षी हैं।
- तनाव और बेचैनी कम होती है।
- अंततः यह आत्मदर्शन का द्वार बनता है।

2. डायरी लेखन: आत्म-अवलोकन का साधन

क्या करें?

हर दिन कुछ समय निकालकर अपने विचार, भावनाएँ, और अनुभव लिखें।

कुछ प्रश्नों पर भी लिखें, जैसे:

- आज मैंने क्या महसूस किया?
- मुझे क्या चीज़ सबसे ज़्यादा परेशान कर रही है?
- मैं किस बात से डरता हूँ? क्यों डरता हूँ?

लाभ:

यह हमें हमारे भीतरी पैटर्न (जैसे डर, गुस्सा, ईर्ष्या) को समझने में मदद करता है। मन शांत होता है और स्पष्टता आती है।

3. आत्ममंथन: प्रश्न पूछने की कला

प्रश्न जो भीतर की यात्रा शुरू कर सकते हैं:

मैं कौन हूँ?

- मुझे सच में क्या चाहिए?
- मेरा सबसे बड़ा डर क्या है?

- अगर कोई चीज़ मुझे दुखी करती है, तो क्यों?

उपयोग:

यह प्रश्न व्यक्ति को सतही इच्छाओं से गहरे सत्य की ओर ले जाते हैं।

उपनिषदों में यही मार्ग अपनाया गया: "कोऽहम्?" (मैं कौन हूँ)

4. गुरु या ग्रंथ का सहारा

मार्गदर्शक की भूमिका:

एक सच्चा गुरु अंधकार में दीपक का कार्य करता है—वह न केवल ज्ञान देता है, बल्कि हमारे भीतर की यात्रा को दिशा भी देता है।

यदि गुरु सुलभ न हो, तो ग्रंथों से मार्गदर्शन लिया जा सकता है:

उपयोगी ग्रंथ:

भगवद्गीता – जीवन के संघर्षों में आत्मा की स्थिति पर प्रकाश डालती है।

पतंजलि योग सूत्र – मन के नियंत्रण और आत्मा के अनुभव की विधियाँ।

अष्टावक्र गीता, उपनिषद – शुद्ध अद्वैत की अनुभूति का मार्ग।

5. प्रेरणादायक उदाहरण: गौतम बुद्ध

गौतम बुद्ध ने सुख-संपत्ति और परिवार को छोड़कर यह प्रश्न उठाया:

"जीवन का दुख क्यों है?"

उन्होंने ध्यान, तप और आत्म-अवलोकन से अंततः बोधि वृक्ष के नीचे ज्ञान प्राप्त किया।

उनका संदेश आज भी सरल और सार्वभौमिक है—"अप्प दीपो भव" (स्वयं ही दीप बनो)।

6. आम जीवन में आध्यात्मिकता: एक साधारण उदाहरण

मान लीजिए कोई व्यक्ति रोज़ सुबह उठकर 10 मिनट ध्यान करता है।

फिर वह अपनी डायरी में लिखता है कि उसे किस बात से गुस्सा आया, और क्यों।

धीरे-धीरे वह समझने लगता है कि उसका गुस्सा वास्तव में उसकी असुरक्षा या अपेक्षा से जुड़ा है।

यह समझ उसे धीरे-धीरे भीतर की शांति और दूसरों के प्रति करुणा देती है।

निष्कर्ष:

भीतर की यात्रा कोई दार्शनिक या रहस्यमयी बात नहीं है। यह एक व्यावहारिक मार्ग है, जिसे छोटे-छोटे कदमों से कोई भी शुरू कर सकता है। ध्यान, डायरी, आत्ममंथन और मार्गदर्शन – ये सभी हमारे बाहरी जीवन को भीतर से प्रकाशित करते हैं।

आत्म-चिंतन के लिए सवाल (जैसे "मैं कौन हूँ?")।

आत्म-चिंतन के लिए सवाल अपने भीतर की यात्रा को गहरा करने और आत्म-जागरूकता बढ़ाने का एक शक्तिशाली तरीका हैं। ये सवाल हमें अपने विचारों, भावनाओं, विश्वासों और असली स्वरूप को समझने में मदद करते हैं। "मैं कौन हूँ?" जैसे सवाल भारतीय दर्शन, विशेष रूप से अद्वैत वेदांत और योग में, आत्म-खोज के मूल में हैं। नीचे कुछ प्रभावशाली सवाल दिए गए हैं, जिन पर चिंतन करके आप अपने भीतर की गहराई तक जा सकते हैं। मैं इन्हें श्रेणियों में बांटकर और उनके उद्देश्य को समझाकर प्रस्तुत कर रहा हूँ।

1. अस्तित्व से संबंधित सवाल

मैं कौन हूँ?

- उद्देश्य: यह सवाल आपको अपने शरीर, मन, और सामाजिक पहचान (नाम, पद, रिश्ते) से परे ले जाता है। क्या आप केवल यह सामाजिक पहचान मात्र हैं, या कुछ और जो शाश्वत है?

- चिंतन: "अगर मैं अपना नाम, काम, या शरीर नहीं हूँ, तो क्या बाकी बचता है?"

- मेरा असली स्वरूप क्या है?

- उद्देश्य: यह आत्मा या चेतना की खोज की ओर ले जाता है। क्या आप विचार हैं, या विचारों को देखने वाली चेतना?

- मैं यहाँ क्यों हूँ?

- उद्देश्य: अपने जीवन के उद्देश्य को समझने में मदद करता है। क्या यह संयोग है, या कोई बड़ा कारण?

2. विचारों और भावनाओं पर सवाल

- मेरे विचार कहाँ से आते हैं?

- उद्देश्य: विचारों की उत्पत्ति और उनकी सत्यता पर सवाल उठाता है। क्या ये विचार मेरे हैं, या समाज और अनुभवों से उधार लिए गए?

- मैं इस भावना को क्यों महसूस कर रहा हूँ?

- उद्देश्य: क्रोध, डर, या खुशी के पीछे के कारण को समझना। क्या यह स्थिति की वजह से है, या मेरी सोच की?

- क्या मैं अपने विचारों को नियंत्रित कर सकता हूँ?

- उद्देश्य: मन की स्वतंत्रता और उसकी सीमाओं को परखना।

3. जीवन और उद्देश्य पर सवाल

- मुझे सचमुच क्या चाहिए?

- उद्देश्य: सतही इच्छाओं (धन, प्रसिद्धि) से परे गहरी जरूरतों (शांति, प्रेम) को पहचानना।

- मेरी सबसे बड़ी ताकत क्या है?

- उद्देश्य: अपने भीतर छिपी शक्तियों को जानना, जैसे धैर्य, करुणा, या साहस।

- मैं किस चीज से डरता हूँ, और क्यों?

- उद्देश्य: डर की जड़ को समझकर उससे मुक्ति पाना। क्या यह असफलता का डर है, या अस्वीकार होने का?

4. संबंधों और प्रभाव पर सवाल मैं दूसरों के साथ कैसे व्यवहार करता हूँ?

उद्देश्य: अपने रिश्तों में ईमानदारी और प्रेम की मात्रा को परखना।

- मेरे शब्द और कर्म क्या प्रभाव डालते हैं?

उद्देश्य: अपने जीवन के दूसरों और दुनिया पर प्रभाव को समझना।

- क्या मैं दूसरों में वही देखता हूँ जो अपने भीतर देखना चाहता हूँ?

उद्देश्य: यह प्रोजेक्शन (अनुमान) की अवधारणा को उजागर करता है—क्या हम दूसरों को वही मानते हैं जो हम खुद हैं?

5. आध्यात्मिक और गहरे सवालक्या मेरे भीतर शांति है?

उद्देश्य: भीतर की अशांति के स्रोत को खोजना और शांति की स्थिति तक पहुँचना।

- क्या मैं अपने आप से संतुष्ट हूँ?

उद्देश्य: आत्म-स्वीकृति और आत्म-प्रेम की गहराई को मापना।

- ईश्वर मेरे लिए क्या है, और मैं उसे कहाँ खोजूँ?

उद्देश्य: व्यक्तिगत आस्था और ईश्वर के साथ संबंध को परिभाषित करना। क्या वह बाहर है, या मेरे भीतर?

आत्म-चिंतन के लिए व्यावहारिक तरीका शांत वातावरण: किसी शांत जगह पर बैठें, जैसे प्रकृति के पास या अपने कमरे में।

सवाल चुनें: ऊपर से कोई एक सवाल लें जो आपको सबसे ज्यादा आकर्षित करे।

ध्यान करें: उस सवाल पर 5-10 मिनट तक चुपचाप सोचें। जवाब तुरंत न खोजें, बस उसे मन में गूंजने दें।

लिखें: जो विचार आएं, उन्हें नोट करें। यह आपके भीतर की आवाज को स्पष्ट करेगा।

नियमितता: हर दिन या सप्ताह में एक सवाल पर काम करें।

भारतीय दर्शन से प्रेरणारमण महर्षि: उन्होंने "मैं कौन हूँ?" को आत्म-जांच (आत्म-विचार) का आधार बनाया। उनका कहना था कि इस सवाल का जवाब खोजते-खोजते मन शांत हो जाता है और आत्मा प्रकट होती है।

भगवद् गीता: अर्जुन के प्रश्न "मैं क्या करूँ?" और "मेरा कर्तव्य क्या है?" भी आत्म-चिंतन के उदाहरण हैं, जिनका जवाब श्रीकृष्ण ने आत्म-ज्ञान से दिया।

कबीर: "मैं कौन हूँ, कहाँ से आया?"—उनके दोहे आत्म-चिंतन को सरल भाषा में व्यक्त करते हैं।

उदाहरण

अगर आप "मैं कौन हूँ?" पर चिंतन करें: शुरू में जवाब हो सकता है—"मैं एक इंसान हूँ, मेरा नाम यह है, मैं यह काम करता हूँ।" लेकिन गहराई में जाएं तो ये सब अस्थायी हैं। फिर शायद आपको लगे—"मैं वह चेतना हूँ जो यह सब देख रही है।"

सपनों और लक्ष्यों को आध्यात्मिक नज़रिए से देखना।

सपनों और लक्ष्यों को आध्यात्मिक नज़रिए से देखना एक अनूठा दृष्टिकोण है जो भौतिक सफलता से परे जीवन के गहरे अर्थ और उद्देश्य की खोज करता है। यहाँ "सपने" से तात्पर्य उन आकांक्षाओं से है जो हम जागृत अवस्था में देखते हैं—जैसे करियर, रिश्ते, या व्यक्तिगत उपलब्धियाँ—और "लक्ष्य" वे ठोस कदम हैं जो हमें उन सपनों तक ले जाते हैं। आध्यात्मिकता इन्हें केवल व्यक्तिगत इच्छाओं के रूप में नहीं, बल्कि आत्मिक विकास और ईश्वर या ब्रह्मांड के साथ तालमेल के रूप में देखती है। आइए इसे विस्तार से समझें:

1. सपनों का आध्यात्मिक अर्थ

- आत्मा की पुकार: आध्यात्मिक दृष्टिकोण में, सपने हमारे भीतर की गहरी इच्छाएँ या आत्मा की अभिव्यक्ति हो सकते हैं। उदाहरण के लिए, अगर आप एक कलाकार बनना चाहते हैं, तो यह आपकी रचनात्मकता को व्यक्त करने की आत्मिक जरूरत हो सकती है।

- माया से परे: भगवद् गीता में कहा गया है कि भौतिक सुख क्षणिक हैं। आध्यात्मिक नज़रिए से सपने तब सार्थक होते हैं जब वे हमें शांति, संतोष या सेवा की ओर ले जाएं, न कि सिर्फ नाम, शोहरत या धन की ओर।

- ईश्वर का संकेत: कई परंपराओं में माना जाता है कि सपने हमें ब्रह्मांड या ईश्वर से मार्गदर्शन देते हैं। क्या आपके सपने आपके लिए कोई बड़ा उद्देश्य दिखाते हैं?

2. लक्ष्यों का आध्यात्मिक मूल्यांकन

- निस्वार्थता का सवाल: अपने लक्ष्यों को देखें और पूछें—"क्या यह केवल मेरे लिए है, या दूसरों के लिए भी लाभकारी है?" आध्यात्मिकता में "कर्म योग" की अवधारणा कहती है कि कार्य दूसरों की भलाई के लिए हो तो वह आत्मिक विकास का हिस्सा बन जाता है।

- संतुलन: क्या आपके लक्ष्य आपको शांति देते हैं, या तनाव और अधीरता? योग सिखाता है कि सच्चा लक्ष्य वही है जो मन को अशांत न करे।

- प्रक्रिया पर ध्यान: आध्यात्मिक नज़रिए से परिणाम से ज्यादा महत्वपूर्ण यात्रा है। "फल की इच्छा त्याग दो" (गीता) का मतलब है कि लक्ष्य की ओर बढ़ें, लेकिन उसकी चिंता में न डूबें।

3. सपने और लक्ष्य: भौतिक बनाम आध्यात्मिक

- भौतिक दृष्टि: एक बड़ा घर, शानदार नौकरी, या धन कमाना। ये सपने बुरे नहीं हैं, लेकिन अगर ये अहंकार या असंतोष को बढ़ाते हैं, तो आध्यात्मिक रूप से सीमित हो सकते हैं।

आध्यात्मिक दृष्टि: शांति, प्रेम, और आत्म-ज्ञान की खोज।

उदाहरण के लिए, एक शिक्षक बनने का सपना अगर बच्चों को सशक्त बनाने के लिए है, तो यह आध्यात्मिक लक्ष्य बन जाता है।

मिलन: दोनों को जोड़ा जा सकता है। जैसे, धन कमाने का लक्ष्य अगर गरीबों की मदद के लिए हो, तो यह भौतिक और आध्यात्मिक दोनों हो जाता है।

4. आध्यात्मिक उपकरण सपनों को समझने के लिए आत्म-चिंतन (पिछले प्रश्न से जुड़ाव): अपने सपनों पर सवाल करें—"यह सपना मुझे क्यों आकर्षित करता है?""क्या यह मुझे मेरे असली स्वरूप के करीब लाता है?""इसके पीछे मेरा डर या प्रेम क्या है?"

ध्यान: अपने सपनों पर ध्यान करें। शांत मन में बैठकर पूछें कि यह सपना आपके लिए क्या मायने रखता है। जवाब अपने आप आएगा।

प्रकृति से प्रेरणा (पिछले प्रश्न से): नदी की तरह बहते रहें, पेड़ की तरह स्थिर रहें, और सूर्योदय की तरह नई शुरुआत करें। प्रकृति आपके सपनों को दिशा दे सकती है।

5. भारतीय दर्शन से प्रेरणाकर्म और धैर्य: गीता में श्रीकृष्ण कहते हैं, "कर्म करो, फल की चिंता मत करो।" अपने लक्ष्यों के लिए मेहनत करें, लेकिन परिणाम को ईश्वर पर छोड़ दें।

संतोष: योग सूत्र में "संतोष" को सबसे बड़ा सुख कहा गया है। क्या आपके सपने आपको संतुष्टि देते हैं, या और चाहत पैदा करते हैं?

सेवा: सूफी और भक्ति परंपराओं में सपने तब सच्चे माने जाते हैं जब वे दूसरों के लिए प्रेम और सेवा से जुड़े हों।

6. व्यावहारिक उदाहरण सपना: लेखक बनना

भौतिक नज़रिया: बेस्टसेलर बनाना, प्रसिद्धि पाना।

आध्यात्मिक नज़रिया: अपनी रचनाओं से लोगों को प्रेरित करना, सत्य और प्रेम फैलाना।

संतुलन: किताब लिखें, लेकिन उसे दुनिया के लिए एक उपहार मानें, न कि सिर्फ अपनी सफलता का प्रमाण।

लक्ष्य: स्वस्थ रहना

भौतिक: अच्छी बॉडी बनाना।

आध्यात्मिक: शरीर को ईश्वर का मंदिर मानकर उसकी देखभाल करना।संतुलन: योग करें—शारीरिक स्वास्थ्य के साथ-साथ मन की शांति भी पाएँ।

7. आध्यात्मिक नज़रिए से सवाल

अपने सपनों और लक्ष्यों को समझने के लिए ये सवाल पूछें:

"क्या यह सपना मुझे शांति की ओर ले जाता है?"

"क्या यह लक्ष्य मेरे अहंकार को बढ़ाता है, या आत्मा को संतुष्ट करता है?"

"अगर यह पूरा न हुआ, तो क्या मैं ठीक रहूँगा?"

"क्या यह सपना मेरे और दूसरों के लिए प्रेम पैदा करता है?"

निष्कर्ष

आध्यात्मिक नज़रिए से सपने और लक्ष्य तब सार्थक होते हैं जब वे हमें अपने भीतर की शांति, सच्चाई और ईश्वर से जोड़ें। यह जरूरी नहीं कि आप बड़े सपनों को छोड़ दें, बल्कि उन्हें एक बड़े उद्देश्य से जोड़ें। जैसे, धन कमाना बुरा नहीं है, अगर उससे आप दूसरों की मदद करें

समापन: इसे जीना

"इसे जीना - रोज़ाना आध्यात्मिकता" को अपने जीवन में लागू करने के लिए आप कुछ व्यावहारिक और सरल कदम उठा सकते हैं। यह आपके दिनचर्या में आध्यात्मिकता को शामिल करने का एक सहज तरीका हो सकता है। यहाँ कुछ सुझाव हैं जो आपको इसे जीने में मदद कर सकते हैं:

1. **सुबह की शुरुआत जागरूकता से**:

सुबह उठते ही कुछ पल शांत बैठें। गहरी साँस लें और अपने शरीर, मन और आसपास के माहौल के प्रति सचेत रहें। आप चाहें तो एक छोटी प्रार्थना, मंत्र, या सिर्फ़ "धन्यवाद" कह सकते हैं।

2. **कृतज्ञता का अभ्यास**:

दिन में एक बार, जैसे खाना खाते वक्त या काम के बीच में, रुकें और उन चीज़ों के लिए आभार व्यक्त करें जो आपके पास हैं - चाहे वह भोजन हो, परिवार हो, या सूरज की रोशनी।

3. **हर काम में मौजूदगी**:

रोज़ के काम करते वक्त - जैसे नहाना, खाना बनाना, या चलना - अपने मन को उसी पल में रखें। उदाहरण के लिए, पानी की ठंडक महसूस करें या खाने की खुशबू का आनंद लें। यह छोटी-छोटी चीज़ें आध्यात्मिकता को जीवंत बनाती हैं।

4. **दूसरों से जुड़ाव**:

हर दिन किसी के लिए कुछ अच्छा करें - एक मुस्कान, मदद का हाथ, या बस उनकी बात सुनना। यह आपके भीतर करुणा और एकता की भावना को बढ़ाता है।

5. **दिन का समापन चिंतन के साथ**:

रात को सोने से पहले 2-5 मिनट अपने दिन को याद करें। क्या अच्छा हुआ? क्या सीखा? यह आपको अपने अनुभवों से जोड़े रखेगा।

रोज़ाना आध्यात्मिकता को अपनाने के आसान तरीके।

रोज़ाना आध्यात्मिकता को अपनाने के लिए कुछ आसान और व्यावहारिक तरीके यहाँ दिए गए हैं, जो आपकी दिनचर्या में बिना किसी बड़े बदलाव के शामिल हो सकते हैं:

1. **साँस पर ध्यान दें**:

दिन में 2-3 बार, बस 1 मिनट के लिए रुकें और अपनी साँस को महसूस करें। धीरे-धीरे साँस लें और छोड़ें। यह आपको तुरंत शांत और जागरूक बनाएगा।

2. **प्रकृति से जुड़ें**:

सुबह या शाम को 5 मिनट बाहर टहलें। पेड़, आसमान, या हवा को देखें और महसूस करें। अगर बाहर जाना मुमकिन न हो, तो खिड़की से झाँकें या पौधे को छूएँ।

3. **एक अच्छा काम करें**:

रोज़ किसी के लिए कुछ छोटा करें - जैसे दरवाज़ा खोलना, धन्यवाद कहना, या किसी को प्रोत्साहित करना। यह आपके मन को सकारात्मकता से जोड़ेगा।

4. **खाने से पहले रुकें**:

खाना शुरू करने से पहले 10 सेकंड रुकें। भोजन को देखें, उसकी खुशबू लें, और इसके लिए मन ही मन आभार जताएँ। यह एक साधारण आध्यात्मिक आदत बन सकता है।

5. **संगीत या शांति चुनें**:

दिन में 5-10 मिनट अपने पसंदीदा शांत संगीत को सुनें या चुपचाप बैठें। यह आपके मन को तरोताज़ा करेगा।

6. **सोने से पहले आभार**:

रात को बिस्तर पर लेटते ही 2-3 चीज़ें याद करें जो उस दिन अच्छी हुईं। यह आपके दिन को सकारात्मकता के साथ खत्म करेगा।

7. **एक शब्द दोहराएँ**:

दिन में कभी भी, मन में एक शब्द जैसे "शांति", "प्रेम", या "धन्यवाद" को 5-10 बार दोहराएँ। यह आपके मन को केंद्रित रखेगा।

ये तरीके इतने आसान हैं कि आप इन्हें अभी से शुरू कर सकते हैं।

प्रिय पाठकों,

ज़िंदगी की भागदौड़ में हम अक्सर यह भूल जाते हैं कि असली सुख और शांति हमारे भीतर ही छिपी है। रोज़ाना आध्यात्मिकता का मतलब है उस शांति को छोटे-छोटे पलों में ढूँढना और उसे अपने जीवन का हिस्सा बनाना। यह कोई दूर की कौड़ी नहीं है, बल्कि आपके हाथ में मौजूद वह चाबी है जो हर दिन को ख़ास बना सकती है।

सोचिए, जब सुबह आप आँखें खोलते हैं, तो पहली साँस के साथ एक नई शुरुआत होती है। उस पल में रुकें, गहरी साँस लें, और अपने दिल से कहें, "मैं यहाँ हूँ, और यह दिन मेरा है।" बाहर कदम रखें, सूरज की किरणों को अपनी त्वचा पर महसूस करें, हवा की ठंडक को छूएँ, या बस एक पेड़ की हरी पत्तियों को निहारें। ये छोटी चीज़ें आपको याद दिलाती हैं कि आप इस विशाल ब्रह्मांड का हिस्सा हैं।

दिनभर की व्यस्तता में भी मौके छिपे हैं। जब आप चाय की चुस्की लें, तो उसकी गर्माहट और स्वाद को महसूस करें। जब कोई आपसे बात करे, तो उसे पूरा ध्यान दें - यह दया और जुड़ाव का एक रूप है। और हाँ, मुश्किल पल आएँ, तो खुद को याद दिलाएँ कि हर चुनौती आपको कुछ सिखाने आई है। उसमें भी एक सबक ढूँढें।

रात को जब आप बिस्तर पर लौटें, तो दिन की एक अच्छी बात याद करें - शायद किसी की मुस्कान, कोई मदद, या बस यह कि आपने कोशिश की। अपने आप से कहें, "आज मैंने इसे जिया, और कल फिर जीऊँगा।" यह आभार आपकी नींद को मीठा और मन को हल्का करेगा।

आध्यात्मिकता कोई पहाड़ चढ़ने जैसा काम नहीं है; यह हर कदम पर अपने आप को थोड़ा और जानने, थोड़ा और प्यार करने की यात्रा है। आप इसके लायक हैं। आपके भीतर वह शक्ति है जो हर दिन को प्रेरणा से भर सकती है। तो आज से शुरू करें - एक साँस, एक मुस्कान, एक पल से। यह आपका जीवन है, इसे पूरी तरह जीएँ, क्योंकि आप अनमोल हैं, और यह दुनिया आपके बिना अधूरी है।

प्रेम और प्रकाश के साथ,

आपका साथी

"सेवा से साधना तक — मेरी यात्रा"

(Serving & Retired Life with Spirituality)

मेरा नाम एक भारतीय है जो कभी देश के आकाश की रखवाली करता था, और आज आत्मा के आकाश की खोज में लगा हुआ है।

सेवा काल (Serving Phase):

भारतीय वायुसेना में मेरे वर्षों की सेवा केवल एक नौकरी नहीं थी, वह मेरे जीवन का आधार बनी। वहां मैंने अनुशासन सीखा, एकाग्रता सीखी, और हर परिस्थिति में मानसिक संतुलन बनाए रखने की कला जानी। वर्दी में रहते हुए मैंने देश के लिए जो जिम्मेदारी निभाई, उसने मुझे कर्तव्यपरायणता, समर्पण और आत्मबल का गहरा अनुभव दिया। वायुसेना में, मैंने केवल राज्यों की दूरी नहीं नापी — मैंने ऊँचाई को जिया, भीतर की शक्ति को पहचाना,आत्मचिंतन किया, ध्यान के विज्ञान को जाना और एक दृश्टिकोण को जीवन मे अपनाया।

सेवानिवृत्ति के बाद (Retired Life):

जब सेवा काल समाप्त हुआ, तो लगा कि जीवन की गति थोड़ी थम गई है। पर उसी ठहराव में मैंने अंतरयात्रा को गति दी - अब मैं अपने भीतर के विचारों, भावनाओं और चेतना को समझने का प्रयास कर रहा हूँ। अब मेरी दिनचर्या में ध्यान, सजगता, प्रकृति से संवाद, और आत्मिक अध्ययन शामिल हैं।

मैंने जाना कि जैसे एक सैनिक को बाहरी हमलों से रक्षा करनी होती है, वैसे ही एक साधक को अपने भीतर के भ्रम, मोह और अशांति से लड़ना होता है। वर्दी उतर गई है, पर सेवा की भावना आज भी जीवित है - अब यह सेवा आत्मा की, शांति की और मानवता की है।

आज का परिचय:

मैं अब न तो केवल एक रिटायर्ड व्यक्ति हूँ, और न ही सिर्फ एक आध्यात्मिक साधक। मैं उन दोनों का संगम हूँ - जहाँ कर्तव्य और करुणा साथ चलते हैं, जहाँ अनुशासन और आत्मचिंतन एक-दूसरे को पूरक बनते हैं।

"मैंने देश की सीमाओं की रक्षा की है, अब आत्मा की सीमाओं को जानने की साधना कर रहा हूँ। सेवा तब भी थी, सेवा अब भी है - पहले बाहर की, अब भीतर की।"

www.ingramcontent.com/pod-product-compliance
Lightning Source LLC
LaVergne TN
LVHW061615070526
838199LV00078B/7290
* 9 7 8 9 3 7 0 1 8 4 3 8 1 *